Gaspare Mura

Chi è per voi Gesù Cristo?

Gaspare Mura

Chi è per voi Gesù Cristo?

Risposte dalla cultura contemporanea

Edizioni Sant'Antonio

Imprint

Cover image: www.ingimage.com

Publisher:
Edizioni Accademiche Italiane
is a trademark of
International Book Market Service Ltd., member of OmniScriptum Publishing Group
17 Meldrum Street, Beau Bassin 71504, Mauritius

Printed at: see last page
ISBN: 978-613-8-39158-6

Premessa

Una “misteriosa distanza”

Nel Vangelo di Marco, scritto a Roma da un fedele interprete della predicazione di Pietro, testimone diretto della vita e delle parole di Gesù, viene riportato il celebre episodio in cui, nei pressi di Cesarèa di Filippi, Gesù interroga i discepoli dicendo: “Chi dice la gente che io sia?”. Marco riferisce che essi risposero: “Giovanni il Battista, altri poi Elia e uno dei profeti”; ma che Gesù non si accontentò di queste risposte e proseguì nel suo interrogare, rivolgendosi direttamente ai discepoli: “E voi chi dite che io sia?”; e Pietro, per tutti, rispose: “Tu sei il Cristo” (*Mc* 8,27-30).

Le risposte della gente, la risposta di Pietro.

Anche le risposte di alcuni tra i rappresentanti più significativi della cultura contemporanea — poeti, filosofi, letterati — ai cui testi vogliamo domandare: chi è per voi Gesù Cristo?, sembrano collocarsi in parte sulla scia della “risposta di Pietro” e in parte tra le “risposte della gente”. È con rispetto che dobbiamo avvicinare anche le risposte che esprimono il tormento del dubbio o l’oscurità dell’errore, perché esse provengono da uomini che sono alla ricerca della verità, e Gesù non è mai troppo lontano dalla “gente” che lo cerca.

Nella maggior parte delle risposte — in particolare quelle che si collocano sulla scia della “fede di Pietro”, — è possibile udire, dettato da un amore povero e nudo, un “intuito” della vera natura del Cristo, sovente sconosciuto agli stessi teologi di professione, e che si esprime in un linguaggio poetico che solo sembra capace di esprimere l’inesprimibile, e di farsi guida a momenti di meditazione e di vera contemplazione.

Questo è il motivo di questa breve raccolta. Che nella sua essenzialità vuole essere cammino di fede, percorso di meditazione sul “mistero” del Cristo, sulle tracce di un

linguaggio pensoso e poetico, espressione di una ricerca amante e sofferta, la cui capacità espressiva è superata solo dal linguaggio dei mistici.
Ma un'ammonizione è necessaria quando si ha l'audacia di parlare del Cristo. Ce la ripropone lo scrittore francese JEAN CAU (1925-1993), nell'opera *Una misteriosa distanza*. Per Cau, mettersi di fronte a Gesù Cristo in maniera seria e senza schermi di difesa, equivale a percepire in tutta la sua "drammaticità" la "misteriosa distanza" che ci separa da Lui. È vero: di fronte all'antica e inquietante domanda: "Chi è per voi Gesù Cristo?", siamo quasi costretti a confessare che "*una tale domanda mi riguarda*"; e tuttavia questo "riguardarci" non significa per ciò stesso farci intimamente partecipi del suo mistero.

> *Da sempre io "guardo" Gesù Cristo e lui mi guarda. Che cosa accade in questo scambio e che cosa si trasmettono i nostri sguardi? Pace e angoscia. Chi è per me Gesù Cristo? Vorrei trasformare la domanda in risposta e dire che, sì, Gesù Cristo è per me. Vorrei essere il bimbo che esita di fronte all'oggetto della sua meraviglia e che si sente dire: "Ma sì, è proprio per te...". Ma sono io un bimbo?*
> *Fra il nulla del dubbio e l'infinito della fede, io so con certezza che Gesù Cristo è per me; ma a quale distanza? Questa distanza, io la misuro ogni giorno* (Jean Cau).

Se siamo sinceri con noi stessi, dobbiamo confessare che anche per noi lo sguardo di Cristo trasmette insieme "pace e angoscia": pace, per la conoscenza del suo amore irrevocabile, fedele e senza condizioni; angoscia, per la consapevolezza crescente della nostra "distanza" dalla sua infinita perfezione, dalle esigenze del Suo regno, dall'assoluta purezza del Suo donarsi, dalla Sua infinita capacità di amare.

I. Le risposte della "gente"

Le risposte della "gente", nella cultura contemporanea, non attingono la pienezza della fede di Pietro. Eppure anche esse indicano che la "gente" — i filosofi, gli uomini di cultura — si interroga su Cristo, non è indifferente alla Sua parola, alla Sua azione, alla Sua vita, alla Sua missione. Cristo non è ancora percepito, come nella fede di Pietro, come l'Unigenito di Dio, ma Egli è pur sempre un "profeta", anzi il "più grande dei profeti".

Cristo viene inteso — in particolare dai filosofi — soprattutto come l'esemplare più perfetto dell'uomo che ama Dio e che in Suo nome parla agli uomini, e quindi come l'"uomo" che è il "modello" dell'uomo che vuole realizzare la sua natura compiuta di uomo. Qui può sorgere per noi un interrogativo, da rivolgere agli stessi filosofi: se l'uomo è stato creato ad immagine di Dio, come attesta la Genesi (cf. *Gn* 1,27), riconoscere in Cristo l'uomo perfetto non significherà anche riconoscere in Lui la perfetta immagine di Dio?

Gran parte del pensiero filosofico contemporaneo si è fermato a questa raffigurazione del Cristo come il più perfetto e degno degli uomini e che, proprio per questo, dobbiamo comprendere come la più perfetta immagine di Dio.

Cristo, modello di moralità

Già per IMMANUEL KANT (1724-1804) Cristo rappresenta l'idea personificata della moralità, quell'idea che è nel cuore di ogni uomo e alla quale ogni uomo dovrebbe fare riferimento per essere veramente uomo:

> *Quest'uomo, il solo che è gradito a Dio, è in lui fin dall'eternità; l'idea di lui deriva dall'essere stesso di Dio; egli non è, in questo senso, una cosa creata, ma il suo Figlio unigenito; è il Verbo (il Fiat) per mezzo del quale tutte le altre cose esistono, e senza del quale nulla esisterebbe di ciò che è stato fatto [Gv 1,1 ss.]*

(giacché in vista di lui, cioè dell'essere razionale nel mondo, come lo si può pensare in base alla sua destinazione morale, tutte le cose sono state fatte). 'Egli è il riflesso della sua gloria' [Eb 1,3]. 'In lui Dio ha amato il mondo' [1 Gv 4,10] e solo in lui, e mediante l'adozione delle sue intenzioni noi possiamo sperare 'di diventare figli di Dio' [1 Gv 1,12] ecc.
Elevarci a questo ideale di perfezione morale, cioè al prototipo dell'intenzione morale in tutta la sua purezza è il dovere universale di noi uomini, e a ciò quest'idea stessa, che ci è data dalla ragione come uno scopo da raggiungere, ci può dare la forza necessaria. Ora, appunto perché non siamo gli autori di quest'idea, ma essa ha preso posto nell'uomo senza che noi comprendiamo come la natura umana abbia semplicemente potuto essere capace di riceverla, si può dire meglio che quel prototipo è disceso dal cielo sino a noi, che esso ha assunto l'umanità (I. Kant).

Cristo rappresenta per Kant l'ideale della perfezione morale dell'uomo, l'esemplare, il modello dell'umanità qualora essa fosse capace di seguire gli imperativi dell'etica e del suo comandamento fondamentale, enucleato nella celebre formula della *Critica della ragion pratica*: "considera l'altro uomo sempre come fine e mai come mezzo". E poiché l'idea di perfezione morale è radicata intimamente nell'anima dell'uomo, ma non viene dall'uomo, allora — dice Kant — dobbiamo ammettere che questa idea viene da Dio e che Cristo, in quanto compiuta realizzazione della perfezione morale, è Figlio di Dio.
Per la via dell'"esperienza morale" Kant recupera così tutto ciò che aveva negato nella *Critica della ragion pura*: l'esistenza di Dio, la derivazione da Dio della legge morale, la tensione alla perfezione morale come vera essenza dell'uomo, e infine l'idea di Cristo come l'Uomo perfetto e, in quanto tale, Figlio di Dio.
Questa concezione di Cristo, inteso unicamente come "esemplare morale", ha permeato gran parte della cultura contemporanea fino ad oggi, in cui Cristo è presente, ma unicamente come un puro ideale di moralità e di umanità, forse

irraggiungibile, ma comunque appartenente unicamente all'idea che l'uomo si fa dell'uomo capace di realizzare in sé compiutamente la natura di uomo.

Cristo come "negatore di Dio"

G.W.F. HEGEL (1770-1831) ha elaborato la più complessa e provocatoria "cristologia filosofica" nella modernità, perché ha visto nella figura del Cristo il momento in cui Dio, con l'incarnazione, si "annullerebbe" come Dio per "diventare" uomo (*Menschwerdung*), e nella morte di Cristo sulla croce la definitiva "morte di Dio", che vivrebbe d'ora in poi non più come Dio, ma nella storia dell'umanità; anche Hegel, tuttavia, non è immune dall'influsso di Kant che considera Cristo come l'"esemplare della moralità".
A partire dalla sinistra hegeliana fino a Nietzsche si sono volute accentuare, con toni di volta in volta drammatici e prometeici, tutte le conseguenze della celebre affermazione hegeliana: "Dio è morto"; per cui, a partire da Hegel, la morte di Cristo rappresenterebbe la morte di Dio a favore della vita dell'uomo ("Dio è morto", per Hegel, sulla croce di Cristo), così come l'incarnazione di Cristo rappresenterebbe l'annullarsi di Dio nel suo "divenimento" uomo.

JOHANN PAUL FRIEDRICH RICHTER (1763-1825), pedagogista e letterato romantico, contemporaneo dello Hegel, nel 1795 scrisse un romanzo dal titolo *Siebenkäs*, in cui inserì il celebre *Discorso del Cristo morto dall'alto dell'universo, in cui si afferma che non c'è alcun Dio*. Questo testo è conosciuto come il *Sogno di Jean Paul*, ed è stato usato ed abusato da quegli interpreti dello Hegel che hanno voluto scorgere un significativo parallelo tra l'hegeliano "venerdì santo" delle *Lezioni della filosofia della religione*, e la professione di ateismo proclamata dal Cristo del sogno di Jean Paul. Il sogno è abbondantemente citato nella letteratura religiosa contemporanea, ad esempio da Ernst Bloch e Dorothee Sölle. E certamente un filo rosso collega proprio l'interpretazione del significato della morte di Cristo offerta da questi autori, con gli sviluppi dell'ateismo teoretico contemporaneo: Cristo annuncerebbe con la sua morte che "Dio stesso è morto" (Hegel), anzi, che "non c'è alcun Dio" (Jean Paul), in un'anticipazione del proclama di Nietzsche "Dio è morto", che farà poi dire a molti pensatori religiosi che è venuto il momento di pensare Dio oltre la "morte di Dio". Alcuni passi di questo celebre *Sogno* sono indicativi del clima di ateismo che nella cultura contemporanea (non solo filosofica), si è paradossalmente alimentato proprio da una lettura surrettizia e fallace del mistero della morte di Cristo, e contro la quale si è levata l'opera del più acuto interprete delle radici spirituali dell'ateismo: Dostoevskij. Joan Paul immagina Cristo, dopo la morte, scendere nel regno dei morti:

> (...) *tutti i morti gettarono un grido:*
> *«Cristo! esiste un Dio?».*
> *«Non esiste» — fu la risposta (...)*
> *Cristo proseguì: «Andai per i mondi, entrai nei soli e con le vie lattee percorsi a volo i deserti del cielo; ma non esiste alcun Dio. Scesi nell'imo, sin dove l'essere getta le sue ombre, e scrutai nella voragine e gridai: 'Padre, dove sei?'. Ma udii soltanto l'eterna procella che nessuno governa, e lo sfavillante arcobaleno di esseri stava lassù senza un sole che lo avesse creato, gocciante sopra l'abisso. E quando levai lo sguardo sul mondo sterminato, verso l'occhio divino, questo mi fissava con una orbita vuota, senza fondo; e l'eternità se ne stava abbiosciata sul caos e se lo andava rosicchiando e ruminando. — Gridate ancora, stridori, gridate fino a che l'ombre siano disfatte, poiché Lui non è!».*
> *(...) Sopraggiunsero allora nel tempio — e ne inorridì l'anima — i fanciulli defunti, che si eran desti nel cimitero — e si gettarono dinanzi all'alta figura presso l'altare e: «Gesù! — dissero — non abbiamo noi un padre?». — E lui, prorompendo in lacrime: «Noi siamo tutti orfani, io e voi, non abbiamo un padre»* (J. Paul).

Cristo, fondatore della libertà dell'uomo

È da dire che oggi questa linea di interpretazione del pensiero di Hegel, secondo la quale egli vedrebbe in Cristo il momento storico in cui Dio cesserebbe di essere Dio, e nella morte di Cristo la "morte di Dio", ha perso molta della sua forza iniziale. Viceversa la più recente lettura di Hegel, quella che fa seguito alla pubblicazione degli *Scritti teologici giovanili*, e che ha dato l'avvio ad una revisione più attenta del suo pensiero, tende piuttosto ad accentuare, nella rappresentazione hegeliana del Cristo, non tanto e non solo il momento della "morte di Dio", quanto l'immagine della sua figura morale, che lotta contro ogni legalismo di tipo farisaico, in ordine ad una moralità più pura e più alta. Si possono citare a questo proposito le riflessioni di E. Jungel e di H. de Lubac, — il quale peraltro, nel suo celebre *Il dramma dell'umanesimo ateo*[1], ha messo in luce le nefaste conseguenze di un umanesimo che sorge dalla "morte di Dio", e nel quale l'uomo diviene dio a se stesso, in una storia di conclamato ateismo.

Ha osservato Tilliette, studioso della "cristologia filosofica" nel pensiero contemporaneo, che in Hegel "la divinità del Cristo, ossatura dell'edificio della fede, non è in discussione, ma ciò che importa è riconoscere e amare in Gesù la virtù stessa"[2], esattamente come in Kant.

Scrive Hegel nello scritto giovanile *La vita di Gesù*:

> *[Gesù] ha dovuto parlare molto di sé anche se, certamente, non si è mai dichiarato Messia; non l'ha negato, ma ha volto alla moralità il messianismo che gli veniva attribuito. (...) Ha impiegato i miracoli che impongono una sorta di tutela alla ragione, e, sfortunatamente, i discepoli hanno esagerato. In missione questi sono tutti in vena di prodigi: la loro educazione era stata accorciata. In breve, Gesù non è affatto immune dal suo fallimento e dalla ricaduta nel settarismo e nella schiavitù della lettera* (G.F.W. Hegel).

---

[1] Cf. H. DE LUBAC, *Il dramma dell'umanesimo ateo*, Morcelliana, Brescia 1978.

[2] X. TILLIETTE, *Filosofi davanti a Cristo*, Queriniana, Brescia 1991, p. 139.

In altri termini, Gesù avrebbe realizzato l'ideale di un uomo religioso che si affranca dal legalismo farisaico, affermando una moralità più alta e "divina", quella fondata sulla legge interiore della libertà e dell'amore. La tensione dell'uomo alla libertà assoluta — proprio quella tensione che ha ispirato e sostenuto il cammino del mondo e della cultura moderni a partire dalla Riforma — avrebbe avuto inizio per Hegel con la morte del Cristo, così come il recupero dell'immagine di Dio nell'uomo — uomo morale e uomo libero — si sarebbe realizzato compiutamente nella vita del Cristo, che in tal modo è il vero "esemplare" dell'uomo, dell'uomo che realizza in sé la natura divina.

> *Il Cristo è stato chiamato dalla chiesa il Dio-Uomo,... ma l'uomo è così divenuto cosciente dell'unità della natura divina e umana e ne ha fatto una certezza... è l'apparizione di un uomo nel presente sensibile; dio nel presente sensibile non può avere nessun'altra forma che la forma dell'uomo* (G.F.W. Hegel).

Il filosofo HERMANN BROCH (1886-1951) ha saputo cogliere molto bene lo spirito di questa nuova lettura della cristologia di Hegel, che non si ferma alla più nota tematica della "morte di Dio" in Cristo, e alla conseguente ricerca della "natura divina" — e trinitaria — nella storia, ma viceversa accentua la morte del legalismo morale e farisaico, in ordine ad un ideale dell'uomo morale costituito a immagine e somiglianza di Dio, e della sua libertà nell'amore. Perché se Dio ha creato l'uomo a sua immagine e somiglianza, Cristo è questa immagine di Dio; egli è quindi l'uomo perfetto, — egli è, semplicemente, l'Uomo.
Scrive Broch:

> *Quando, tremila anni fa, fu concepita e redatta la proposizione di portata universale secondo la quale "Dio ha creato l'uomo a sua somiglianza", questa*

proposizione conteneva in anticipo tutta la filosofia idealistica dell'Occidente, da Platone fino a Cartesio e fino a Kant...
Senza alcun dubbio, con la formulazione di questo principio, l'idea prometeica fu elaborata fino alle sue ultime conseguenze, che la mitologia greca mai sarebbe stata capace di raggiungere. È un'idea spaventosa e fantastica perché pone il fuoco della illimitata libertà nel terrestre, con una logica così terribile e dura come lo è l'idea del Dio dell'Antico Testamento. E secondo questa logica rigorosa, è accordato all'uomo qualcosa di prometeico, che nessun essere animale possiede, la tensione verso una libertà assoluta che lo pone al di sopra della natura creata e delle sue leggi, sebbene, a motivo del suo essere fisico, resta loro sottomesso (H. Broch).

Non è certamente senza equivoci questo confronto tra la libertà dell'uomo e la libertà di Dio, il cui essere è assoluta libertà di bene nella quale tuttavia sussiste — come sembrano credere alcuni filosofi ed anche teologi contemporanei — quel carattere che qualifica invece drammaticamente la condizione dell'uomo libero: la capacità di scegliere liberamente il male. E tuttavia — a parte questo attualissimo dibattito teologico sulla natura della "libertà" divina e umana — , le affermazioni di Hegel vogliono significare soprattutto, analogamente alla cultura filosofica e religiosa che se ne è ispirata, che se l'uomo vuole diventare veramente uomo, deve diventare come Cristo, perfetta immagine di Dio, della sua eticità, della sua capacità di amore libero e disinteressato.

Non è un caso che il filosofo neohegeliano BENEDETTO CROCE (1866-1952) abbia scritto a questo proposito una celebre opera dal titolo *Perché non possiamo non dirci cristiani*, nella quale sostiene la tesi che Cristo ha introdotto nell'umanità un messaggio rivoluzionario, quello della "libertà" e dell'uguale "dignità" degli uomini, e che questo messaggio ha costituito l'anima del mondo e della cultura moderni, che anche quando sembrano esternamente contrapporsi alla Chiesa, si inchinano tuttavia reverenti di fronte alla figura di Cristo come l'ispiratore della libertà.

Una ben significante riprova porge di questa storica interpretazione il fatto che la continua e violenta polemica antichiesastica, che percorre i secoli dell'età moderna, si è sempre arrestata e ha taciuto riverente al ricordo della persona di Gesù, sentendo che l'offesa a lui sarebbe stata offesa a sé medesima, alle ragioni del suo ideale, al cuore del suo cuore. Perfino qualche poeta, il quale, per la licenza che ai poeti si concede di atteggiare fantasticamente in simboli e metafore gli ideali e i controideali a seconda dei moti della loro passione, travide in Gesù — in Gesù che amò e volle la letizia — un negatore della gioia e un diffonditore di tristezza, finì col dare la palinodia del suo primo detto come accadde al tedesco Goethe e all'italiano Carducci. Impressioni e fantasie di poeti furono altresì le nostalgie per il sereno paganesimo antico, di solito contraddette con le opposte impressioni e fantasie da quelli stessi che le avevano per poco intrattenute. La spensierata gaiezza e la celia, che pareva innocente dovunque si rivolgesse e si versasse, su qualsiasi fatto o personaggio glorioso della storia e della poesia, non è sembrata innocente e non è stata mai permessa intorno alla figura di Gesù, che anche si è ripugnato costantemente a portare sulle scene dei teatri, salvoché nella ingenuità delle medievali sacre rappresentazioni (B. Croce).

Cristo, creatore della religione dell'umanità

Tra le opere che nel secolo scorso e nel nostro si sono ispirate a questa concezione di Cristo come "ideale morale", vogliamo qui ricordare una delle numerose "vite di Gesù" che sono state pubblicate con successo, ma anche con seguito di grandi polemiche teologiche: quella di ERNEST RENAN (1823-1892). Scrittore annoverato tra gli accademici di Francia, professore e specialista di lingue e letterature semitiche, Renan, abbandonati gli studi ecclesiastici dopo una crisi religiosa, non cesserà per tutta la vita di essere affascinato dalla figura di Gesù. Tormentato da una fede desiderata e non più raggiunta nella sua pienezza, egli scrisse una *Vita di Gesù* nella quale afferma che Gesù non è il Figlio di Dio, ma piuttosto che in Gesù l'umanità intera ha raggiunto il massimo grado della sua perfezione morale, e che per questo — e solo per questo — Egli ha in qualche modo meritato di essere considerato come Dio dall'umanità futura. Pur essendo teologicamente infondata, questa *Vita di Gesù* è capace tuttavia di una rappresentazione della figura umana di Cristo di rara bellezza poetica, la quale, come è stato detto, ha prodotto più conversioni di numerosi trattati di apologetica.

Così, ad esempio, Renan si esprime dopo aver narrato della morte di Gesù:

> *Riposa nella tua gloria, o nobile iniziatore! La tua opera è compiuta, fondata la tua divinità. Non temere più di veder crollare per qualche errore l'edificio che hai eretto; d'ora in poi, immune da fragilità, tu assisterai dall'alto della pace divina alle conseguenze infinite dei tuoi atti. A prezzo di alcune ore di angoscia, che non seppero nemmeno offendere la tua grande anima, tu hai conquistato la più completa immortalità. Per migliaia d'anni a te obbedirà il mondo; bandiera delle nostre contraddizioni, sarai il segno intorno a cui si combatterà la più fiera battaglia. Mille volte più vivo, mille volte più amato dopo la tua morte che nei giorni del tuo passaggio quaggiù, tu diventerai pietra angolare dell'umanità, così che strappare il tuo nome dal mondo sarebbe lo stesso che scuoterlo dalle sue fondamenta. Fra te e Dio non si distinguerà più. Tu che hai compiutamente debellato la morte, prendi possesso del tuo regno, ove ti seguiranno per la spaziosa via da te aperta secoli di adoratori* (E. Renan).

Nonostante queste parole di ammirazione, Gesù, per Renan, resta unicamente il fondatore della "religione dell'umanità", la religione del sentimento al di sopra dei dogmi, la religione universale e definitiva che è espressione di tutti gli ideali della moralità dell'uomo:

> *Così possiamo comprendere come, per un fatto eccezionale, il cristianesimo puro si presenti ancora, dopo diciotto secoli, con il carattere di una religione*

universale ed eterna; infatti la religione di Cristo sotto certi aspetti è la religione definitiva. Creazione di un moto delle anime interamente spontaneo, libero sul nascere da ogni pastaia dogmatica, dopo una lotta di trecento anni per la libertà di coscienza, il cristianesimo, nonostante sue successive cadute, ancora raccoglie i frutti di questa purissima fonte, per rinnovarsi. Il regno di Dio quale noi lo conosciamo è molto diverso dall'apparizione soprannaturale che i primi cristiani speravano di veder sfolgorare fra le nubi; ma il sentimento che Gesù introdusse nel mondo è proprio il nostro. Il suo perfetto idealismo è la più alta regola della vita libera e virtuosa; egli ha creato il cielo delle anime pure, ove si trova ciò che si chiede invano alla terra, la perfetta nobiltà dei figli di Dio, l'assoluta purezza, la piena astrazione dalle brutture del mondo, la libertà insomma che la società esistente esclude come impossibile e che ha tutta la sua ampiezza soltanto nel dominio del pensiero. Il grande maestro di coloro che si ricoverano in questo regno ideale è sempre Gesù. Primo egli ha proclamato il regno dello spirito; primo egli disse, almeno con gli atti: "Il mio regno non è di questo mondo". La base della vera religione è proprio opera sua; non rimane agli uomini futuri che fecondare e sviluppare quei germi (E. Renan).

Gesù è per Renan il "creatore" della religione pura, che d'ora in poi non potrà che essere la "religione cristiana"; Gesù è stato il più "amabile degli uomini", che d'ora in poi dovrà essere collocato sulla "vetta" dell'umanità:

"Cristianesimo" è perciò diventato quasi sinonimo di "religione". Quanto sarà tentato al di fuori di questa grande e pura tradizione cristiana, rimarrà sterile. Gesù ha fondato la religione dell'umanità, come Socrate ha fondato la filosofia.

(...) Gesù fondava la religione assoluta, nulla escludendo, nulla determinando fuorché il sentimento. I suoi simboli non sono immoti dogmi, ma immagini capaci di indefinite interpretazioni.

(...) se Gesù ritornasse fra noi, riconoscerebbe per suoi discepoli non coloro che pretendono racchiuderlo tutto in alcune frasi del catechismo, ma coloro che si studiano di continuarne l'opera.

(...) Gesù resterà in religione il creatore del sentimento puro; il sermone sulla montagna non sarà mai superato. In questo senso, noi siamo cristiani, anche separandoci su quasi ogni punto dalla tradizione cristiana che ci ha preceduti. E in verità questa gran fondazione fu l'opera personale di Gesù; per essersi fatto adorare a tal punto, bisogna che egli sia stato davvero adorabile. L'amore non può esistere senza un oggetto degno di accenderlo; e anche se di Gesù si sapesse solo della passione ispirata a coloro che lo attorniavano, ciò basterebbe per affermare che egli fu più grande. La fede, l'entusiasmo, la costanza della prima generazione cristiana non sono possibili se non supponendo alle origini dell'intero moto un uomo di colossali proporzioni.

(...) Collochiamo dunque sulla più alta vetta della grandezza umana la persona di Gesù (...). Non che essere stato creato dai suoi discepoli, Gesù ci appare in tutto superiore a loro; i quali, tranne san Giovanni e san Paolo, erano uomini senza iniziativa né genio. (...) Da qui proviene l'immensa superiorità degli Evangeli sugli altri scritti del Nuovo Testamento; da qui quel cadere penoso che si sente, passando dalla storia di Gesù e quella degli apostoli. Gli stessi evangelisti che ci lasciarono l'immagine di Gesù sono tanto piccoli che lo sfigurano di continuo, non sapendo raggiungere la sua altezza. (...) Insomma il carattere di Gesù non venne abbellito, ma imbruttito dai suoi biografi. E la critica, per immaginarlo come fu, deve scartare una serie di errori che provengono dal mediocre intelletto dei discepoli, i quali ce lo dipingono come lo concepivano, e spesso pensando di magnificarlo lo hanno invece rimpicciolito.

(...) Non si è mai stati meno prete di quanto lo fosse Gesù, mai meno nemici delle forme che soffocano la religione col pretesto di proteggerla (E. Renan).

L'odierna critica testuale ha dato torto a queste tesi di Renan, perché ha riconosciuto la sostanziale fedeltà degli evangelisti al *kerygma* originario di Gesù. Tuttavia ciò che deve sorprenderci non è solo l'ammirazione suscitata dalla figura umana di Gesù in un uomo ancora lontano dalla pienezza della sua verità, ma la persistenza di queste idee di Renan in gran parte della cultura contemporanea.
In Renan avvertiamo accenti affini a quelli di molti letterati e uomini di cultura di questo secolo, che affascinati dalla figura di Gesù, non riescono tuttavia a raggiungere la pienezza della fede.

PIER PAOLO PASOLINI (1922-1975), dopo la casuale lettura del *Vangelo di Matteo* presso la Pro Civitate Christiana di Assisi, produce il suo bel film su Gesù, e scrive queste parole di commento:

È un'opera di poesia che io voglio fare. Non un'opera religiosa nel senso corrente del termine, né un'opera in qualche modo ideologica. In parole molto semplici e povere: io non credo che Cristo sia Figlio di Dio, perché non sono credente — almeno nella coscienza. Ma credo che Cristo sia divino: credo cioè che in lui l'umanità sia così alta, rigorosa, ideale da andare al di là dei comuni termini dell'umanità (P.P. Pasolini).

Anche uno spirito profondamente religioso come Gandhi giunge a stimare Gesù come un uomo dall'incomparabile perfezione morale, come maestro di vita, senza tuttavia pervenire a riconoscerlo come Figlio di Dio.

Cristo, Maestro di vita spirituale

Analogamente a quella di Renan, la visione gandhiana di Gesù è significativa per comprendere la situazione spirituale contemporanea. Con la sua concezione di una relatività di ogni religione e di ogni via religiosa, nonché dell'assoluta trascendenza di Dio rispetto alle molteplici religioni storiche, le quali non sarebbero altro che incerti tentativi dell'uomo di avvicinarsi al mistero assoluto, MAHATMA GANDHI (1869-1948) ha saputo penetrare profondamente nella cultura religiosa dell'Occidente. Un Occidente anch'esso travagliato dal relativismo veritativo ed etico, e tuttavia bisognoso di spiritualità e di religiosità, e che vede larghi settori della sua attuale cultura religiosa spinti da una parte verso il sincretismo, e dall'altra verso una vanificazione sempre più accentuata dell'"unicità" della figura di Gesù come "l'unico nome dato agli uomini sotto il cielo nel quale sia stabilito che possiamo essere salvati" (*At* 4,12), come l'Unigenito del Padre:

> *Considero Gesù un grande maestro dell'umanità, ma non il solo figlio generato da Dio. L'epiteto, nella sua interpretazione materiale, è del tutto inaccettabile. Sul piano metaforico, siamo tutti figli di Dio, ma per ognuno di noi possono esserci particolari figli di Dio da considerare in modo speciale. Così, per me, Chaitanya può essere il solo figlio generato da Dio* (Gandhi).

Gesù è per Gandhi un uomo che si avvicina alla perfezione divina, ma non è Dio:

> *Credo nella perfettibilità della natura umana. Gesù giunse il più vicino possibile alla perfezione. Dire che fosse perfetto è negare la superiorità di Dio sull'uomo. (...) Essendo necessariamente limitati dai vincoli della carne, non possiamo raggiungere la perfezione che dopo la dissoluzione del corpo. Perciò soltanto Dio è assolutamente perfetto. (...) Gesù morì sulla Croce per via del limite della carne. Non mi servono né profezie né miracoli per apprezzare la grandezza di Gesù come maestro. Non c'è nulla di più miracoloso dei tre anni del suo*

magistero. Non c'è miracolo nella storia della moltitudine nutrita da una manciata di pani, un'illusione alla portata di qualsiasi mago. Ma misero il giorno in cui un mago fosse acclamato come Salvatore dell'umanità (Gandhi).

Par Gandhi, Gesù è soprattutto il Maestro del Sermone della Montagna, il cui insegnamento gli apparve lontano dalla vita dei cristiani, ma che tuttavia egli ritenne un messaggio di contenuto universale per la crescita spirituale dell'umanità, e profondamente affine alla religiosità indù:

Vi dirò in che modo la storia di Cristo, come narrata nel Nuovo Testamento, abbia colpito un estraneo come me. La mia conoscenza della Bibbia iniziò quasi quarantacinque anni fa, attraverso il Nuovo Testamento. A quel tempo non ero riuscito a sviluppare un eccessivo interesse per il Vecchio Testamento, che avevo certamente letto, ma solo per adempiere una promessa da me fatta a un amico incontrato per caso in un hotel. Ma quando arrivai al Nuovo Testamento e al Sermone della Montagna, cominciai a cogliere l'insegnamento cristiano: l'insegnamento del Sermone della Montagna echeggiava qualcosa da me appreso nell'infanzia, qualcosa che sembrava appartenere al mio essere e che mi pareva di veder attuare nella vita d'ogni giorno, attorno a me (...) Era l'insegnamento della non-ritorsione, o della non-resistenza al male. Di tutto quanto lessi, quello che mi colpì indelebilmente fu il fatto che Gesù fosse arrivato quasi a dettare una nuova legge, benché, naturalmente, avesse negato che fosse questo lo scopo della sua venuta, anziché il mero consolidamento della vecchia legge mosaica. Be', Egli l'aveva cambiata al punto da farne una legge nuova: non occhio per occhio, dente per dente, ma il prepararsi a ricevere due colpi quando se ne è ricevuto uno, e a fare due miglia quando ne è stato richiesto uno. «Questo è ciò che s'impara nell'infanzia», mi dissi. «Sicuramente questo non è cristianesimo». Perché, a quanto mi era stato dato capire allora, essere cristiani significava avere una bottiglia di brandy in una mano e della carne nell'altra. Il Sermone della Montagna, invece, contraddiceva quelle mie associazioni. Man mano che il mio contatto con i cristiani concreti, cioè gli uomini che vivevano nel timore di Dio, andò crescendo, vidi che il Sermone della Montagna sintetizzava l'intero cristianesimo per chi intendesse vivere una vita cristiana. Fu quel sermone a farmi amare Gesù (Gandhi).

Gesù è per Gandhi il Messia, ma solo in quanto l'umanità attende ancora la sua liberazione dalla fame e dalla sofferenza:

> *Finché rimarrà una sola bocca affamata, finché Cristo non sarà ancora davvero nato, dobbiamo continuare a aspettarLo. Quando si sarà stabilita la vera pace, non avremo bisogno di dimostrazioni, ma ne sentiremo l'eco nella nostra vita, non solo in quella individuale, ma anche in quella associata. Allora potremo dire che Cristo sarà davvero nato* (Gandhi).

Gesù è per Gandhi il fondatore non di una nuova religione, ma di una nuova vita morale, fondata sulla sincerità e l'autenticità delle opere più che sui riti religiosi:

> *Mi si consenta solo di puntualizzare che Gesù non predicò una nuova religione, ma una nuova vita. Egli invitò gli uomini al pentimento. Sono sue le parole: «Non tutti coloro che mi diranno, "Signore, Signore", entreranno nel Regno dei Cieli; ma solo chi eseguirà la volontà del Padre mio che è nei Cieli»* (Gandhi).

Gesù, il "SopraMistico"

HENRY BERGSON (1859-1941), filosofo di origine ebraica, studioso di filosofia della religione, giunse a convinzioni analoghe sulla "novità" non solo della "morale" predicata da Gesù, ma anche del tipo di "religiosità" cui egli sembrò fare riferimento, in opposizione alla religione tradizionale. Dopo un lungo studio sul carattere della religione e sulla figura di Cristo, Bergson rinunciò al battesimo per solidarietà con i confratelli destinati all'olocausto.

Gesù rappresentò per Bergson prima di tutto la figura del "mistico", l'iniziatore di tutti i grandi mistici, e in quanto tale fu una di quelle figure che hanno avuto il compito di trasformare l'umanità, di rinnovare la religione e il senso profondo del rapporto dell'uomo con Dio:

Misticismo e cristianesimo si condizionano l'un l'altro, indefinitamente. Bisogna, tuttavia, che ci sia stato un inizio. Effettivamente, all'origine del cristianesimo c'è Cristo. (...) Diciamo semplicemente che, se i grandi mistici sono quali noi li abbiamo descritti, essi sono gli imitatori e i continuatori originali, ma incompleti, di ciò che fu in modo completo il Cristo dei Vangeli (H. Bergson).

Cristo è il fondatore della "religione aperta", contro la religione chiusa, esteriore e formalista del mondo del suo tempo:

I profeti d'Israele hanno preparato la venuta del Cristo, ma è *il Cristo che è venuto e ha dato al mondo una spinta senza limiti (...) È il Cristo che ha dato all'umanità la religione aperta...* (H. Bergson).

Sebbene giunga solo verso la fine della sua vita a considerare Cristo come Figlio di Dio, Bergson scrive già nel corso della sua ricerca:

Più leggo il Vangelo, più mi convinco che Gesù Cristo è più di un uomo (H. Bergson).

Cristo rimane comunque per Bergson soprattutto il "sopramistico", ovvero la figura per eccellenza dell'autenticità religiosa:

In effetti Gesù è il SopraMistico, e trovo belle le pagine (...) sull'unione vitale dei mistici con lui (H. Bergson).

Le idee degli autori che vedono in Gesù solamente un ideale di perfezione morale o il "sopramistico" o il fondatore della religione universale dell'umanità, sono oggi diffuse in larghi strati della coscienza e della cultura contemporanee. Sono presenti nelle nuove culture che emergono dal mondo giovanile; nell'avanzare del sincretismo religioso nei paesi occidentali, che tende ad un universalismo delle fedi al di là di ogni dogma come di ogni tradizione storica della religione; nello stesso umanesimo laico, il quale afferma che "non possiamo non dirci cristiani" (Croce), e ciò sia a motivo dell'eredità morale che il cristianesimo ha lasciato all'Occidente, sia a motivo di quella "religione della libertà" e di quell'umanesimo etico che, derivati dal messaggio cristiano, costituirebbero l'anima profonda dell'eticità moderna, anche in un contesto di non credenza o di ateismo; sono presenti ancora nelle nuove espressioni del "sacro postmoderno", che tenta nuove vie di assimilazione delle religioni storiche all'interno di una rinnovata visione sacrale del mondo; e perfino nei tentativi più recenti operati dalla teologia pluralistica delle religioni, in Occidente come in Oriente, soprattutto in India, e secondo la quale Gesù sarebbe — al pari di altri grandi fondatori di religioni — uno dei grandi "rivelatori della verità di Dio", fondatore egli stesso di una "via di salvezza" secondo gli stili e i criteri morali propri della sensibilità occidentale, ma di pari grado con altri fondatori di religioni e di spiritualità sorti in oriente.

Queste convinzioni, pur diverse nella loro origine culturale e storica, sono omologate tuttavia in un elemento comune: il non saper riconoscere in Gesù ciò che gli è proprio, ossia di essere il Figlio di Dio, l'unico nome in cui sia dato all'uomo di essere salvato, perché "in nessun altro c'è salvezza" (*At* 4,12).

L'Anticristo e il Redentore

È significativo allora che proprio l'autore dell'*Anticristo*, FRIEDRICH NIETZSCHE (1844-1900), il cui odio-amore nei confronti della figura di Gesù — come ha scritto il padre de Lubac — lo ha perseguitato tutta la vita, si sia fatto beffe di tutte le interpretazioni puramente "moralistiche" della figura di Cristo.

Per Nietzsche esiste una sola alternativa: o Cristo è veramente Dio, come appare dai Vangeli e come Lui stesso afferma di essere; oppure, se "Dio è morto", come egli sostiene, Cristo è un impostore. Per Nietzsche non esistono vie di mezzo, che non sarebbero altro che vie di compromesso, incapaci peraltro di interpretare anche filologicamente i testi evangelici. Cristo non si dichiara, nei Vangeli, né come un maestro di morale e nemmeno come il fondatore di una nuova religione, ma si dichiara Figlio di Dio, e unico Redentore dell'uomo. E di fronte alle sue affermazioni si può solo credere o rifiutare.

Scrive testualmente Nietzsche:

> *Per quel che riguarda me, è il tipo psicologico del Redentore* (F. Nietzsche).

Per questo Nietzsche si fa beffe di quelle interpretazioni della figura di Cristo che, dopo Renan, tendono a ridurne la figura a quella di un semplice eroe della morale.

> *Sì, signor Renan, questo pagliaccio in psycologicis, ha tirato in ballo, per la sua spiegazione del tipo di Gesù, i due concetti meno appropriati che possano darsi al riguardo: il concetto di genio e il concetto di eroe ('héros'). Ma se c'è qualche cosa di non evangelico, è proprio il concetto di eroe.*
>
> *(...) E quale fraintendimento è poi la parola 'genio'! L'intero nostro concetto di 'spirito', il nostro concetto di cultura, non ha alcun senso nel mondo in cui vive Gesù.*
>
> *(...) I tentativi a me noti di leggere tra le righe dei Vangeli persino la storia di un anima, mi sembrano prove di un'esecrabile frivolezza psicologica.*
>
> *(...) Non la verità su quel che lui ha fatto, su quel che ha detto, su come in realtà sia morto: ma il problema se il suo tipo sia in generale ancora rappresentabile, se esso sia tramandato* (F. Nietzsche).

Probabilmente andrebbe cercata qui l'opposizione anche violenta che Nietzsche ha nutrito nei confronti di Cristo. Nel senso che proprio perché Nietzsche prende sul serio le parole di Cristo, comprende che esse sono diametralmente opposte ad ogni interpretazione puramente "culturale" o "moralistica" del suo messaggio, e che il "suo tipo" non è né quello del moralista, né quello del genio, né quello dell'eroe, e neppure quello dell'anima bella, ma appunto, come egli scrive, quello del Redentore. Anche se proprio qui inizia la tragica — e folle — opposizione di Nietzsche ai valori predicati da Cristo, che andrebbe combattuto in nome degli ideali che sono esattamente l'opposto di quelli evangelici: all'ignominia della croce la forza del potere, all'amore dei deboli il disprezzo, alla mitezza la prepotenza, alla purezza la gioia del piacere. Opposizione spinta fino a tracciare una figura di "anticristo" come metafora di una umanità rinnovata dopo la "morte di Dio", che oramai per Nietzsche — che in questo è attento lettore di Hegel — deve significare la morte del Dio-Cristo. E tuttavia Nietzsche sembra tracciare le linee di un argomento "per absurdum" sulla divinità del Cristo, nel senso che le sue argomentazioni contro Cristo potrebbero facilmente essere capovolte. Infatti, se i Vangeli sono falsi, Cristo è un'impostura, e Nietzsche avrebbe ragione; ma se i Vangeli sono veri, Cristo vi appare non come un eroe morale, sebbene altissimo, non come un predicatore di idealità o di religiosità, non come un genio o un grande mistico, ma come il Redentore.

II. Nella fede di Pietro

La fede nella divinità di Cristo, l'"unico nome" in cui sia data all'uomo la salvezza, accomuna i cristiani di ogni confessione nella fede di Pietro. Questa fede costituisce il fondamento reale — e non solo spirituale — dell'unità dei cristiani. La "visibilità" di questa unità, non sempre evidente dalle vicende della storia e della Chiesa, è percepibile in modo forte dalla "confessione" di Cristo da parte di tanti testimoni e martiri delle diverse chiese cristiane, e anche da parte di importanti uomini di cultura. Nel solco della "fede di Pietro", vogliamo ricordare allora, per primi, due grandi autori che non appartengono alla Chiesa latina, ma che le sono uniti nella fede, un ortodosso e un luterano: F. Dostoevskij e S. Kierkegaard.

Cristo, Figlio di Dio

Per FËDOR DOSTOEVSKIJ (1821-1881), la missione più importante di uno scrittore cristiano è confessare che Cristo è Dio.
Dostoevskij esige che "la preziosa immagine del Cristo divino" resti intatta nella fede dei credenti, e che non venga corrotta o contaminata dalle idee della cultura del tempo. Come ha mostrato magistralmente N. Berdjaev[3], Dostoevskij è il nemico giurato di tutte le cristologie umanitarie e socialiste, che costituiscono per lui il più grande tradimento del Cristo, perché hanno dimenticato la "divinità" del Cristo.
Il Cristo di Dostoevskij è il Cristo "russo", il "Cristo divino" dell'ortodossia. È il Cristo del popolo russo, "popolo teoforo", come egli lo definisce nei *Taccuini* de *I Fratelli Karamazov*, al quale secondo Dostoevskij è affidata da Dio stesso la grande missione di conservare nella storia, fino ai tempi escatologici, e a nome di tutte le chiese, la purezza dell'"icona" del Cristo come Figlio di Dio.
È qui che va ricercata la critica che, nella *celebre Leggenda del Grande Inquisitore*, narrata da Ivan ne *I Fratelli Karamazov*, Dostoevskij muove nei confronti della

---

[3] Cf. N. BERDJAEV, *La concezione di Dostoevskij*, Einaudi, Torino 1977[2].

chiesa cattolica, cui viene imputato di aver dimenticato lo stretto legame tra Cristo e la libertà dell'uomo, legame sancito definitivamente sul Golgotha contro ogni forma di asservimento dell'uomo, anche di tipo religioso, e di aver ceduto alla tentazione del potere, della negazione della "libertà" e, infine, ad una visione puramente filantropica, sociale e umanitaria del Vangelo. In realtà, va rimarcato come "dietro la Chiesa romana, siano soprattutto il liberalismo e il socialismo ad essere presi di mira"[4]. E per questo si può concordare con Tilliette secondo cui "il Cristo muto della leggenda rappresenta il più bel ritratto del Cristo che lo scrittore abbia tracciato", perché "questo Cristo ritornato clandestinamente, ed il cui destino è quello di essere rimesso di nuovo a morte, è il servitore dell'Eterno, afferrato nel momento supremo nel quale 'Non ha aperto bocca'"[5].

Il Grande Inquisitore, metafora di un potere politico o anche religioso, capace di utilizzare persino le parole evangeliche per esercitare il dominio sugli uomini, non sa riconoscere Cristo qualora ritornasse tra gli uomini a portare nuovamente il suo messaggio di libertà, e per questo lucidamente pronuncia di nuovo la sua condanna a morte su un Cristo che, come di fronte al Sinedrio, "tace". "Proprio questo silenzio, sul quale si spezzano gli attacchi, questo abisso nel quale si spengono tutte le grida e tutte le obiezioni, è lo spazio del mediatore. Gesù porta sulla terra il suo segreto, ossia se stesso. Gli basta vivere, apparire, essere qui (...) Gesù (...) fa fronte solo con il suo fascino, la dolcezza del suo sguardo, la profondità del suo silenzio (...) tace, non perché vi viene costretto, ma perché ha detto tutto una volta per sempre, e le sue parole rimangono"[6].

E tutto questo perché, per Dostoevskij, Cristo non è un maestro di morale, né un profeta, né un genio, né un eroe, ma "è Dio".

> *La natura sintetica del Cristo è straordinaria. È la natura di Dio; conseguentemente, il Cristo è il riflesso di Dio sulla terra* (F. Dostoevskij).

---

[4] X. TILLIETTE, *op. cit.*, p. 309.
[5] Ivi.
[6] Ivi.

A questo riconoscimento di Cristo come "l'Unigenito Figlio del Padre", la Chiesa ortodossa, espressione della "fede russa", dovrebbe offrire, secondo Dostoevskij, un contributo fondamentale, anche contro quelle che egli considera le deviazioni puramente "umanitariste" e "socialiste" della Chiesa latina, la quale, come dice il principe Myskin ne *L'Idiota*, "crede che senza il dominio temporale universale la Chiesa non possa sussistere su questa terra", preparando così la strada prima al socialismo umanitarista, "prodotto del cattolicesimo e di essenza cattolica", e poi dell'ateismo "nato dalla disperazione, in contrapposto al cattolicesimo in senso morale, per sostituirsi al perduto potere morale della religione, per estinguere la sete spirituale dell'umanità e salvarla non attraverso Cristo, ma attraverso la violenza"[7] .

Certamente, Cristo rappresenta per Dostoevskij, come per gran parte della cultura cosiddetta "laica" del suo tempo, anche "l'ideale" dell'umanità, il modello dell'uomo che aspira alla purezza della sua umanità. Cristo è così per Dostoevskij il modello e l'ideale insuperabile dell'uomo in quanto uomo:

> *Il Cristo solo ha potuto, ma il Cristo era l'ideale eterno, l'ideale di sempre, al quale l'uomo aspira e deve aspirare in forza della legge di natura (...) tutto dipende da una cosa sola: che si riconosca o meno il Cristo come l'ideale definitivo sulla terra, ossia che tutto dipende dalla fede cristiana. Se credi al Cristo, credi che vivrai eternamente (...). Il Cristo è entrato interamente nell'umanità e l'uomo aspira a trasfigurarsi nell'Io del Cristo, come nel suo ideale* (Frammento di una lettera alla moglie Sofia Ivanovna).

Ma Cristo non può essere per Dostoevskij "l'ideale" dell'uomo, se non è egli stesso il Verbo divino, in cui l'uomo è stato creato e redento. Nei taccuini de *I demoni,* Dostoevskij nega che si possa amare il Cristo come ideale dell'umanità, senza la fede in lui come Dio:

---

[7] F. DOSTOEVSKIJ, *L'idiota*, Bollati Boringhieri, Torino 1976, pp. 535-537.

Senza credere nello stesso tempo che 'il Verbo si è fatto carne', che l'ideale si è incarnato e, conseguentemente, non è impossibile e inaccessibile all'umanità intera. (...). 'Il Verbo si è fatto carne': in realtà, tutto sta qui (F. Dostoevskij).

Dostoevskij aderisce fino in fondo all'affermazione di uno dei personaggi dei suoi romanzi, Kirillovic, che ne *L'Idiota* così rimprovera il "sofista" Fetiukovic:

Ed ecco che vengono a rizzarci innanzi un falso simulacro di Cristo! (...). Ma noi ci guarderemo bene dall'emendare, di sulla cattedra della verità e dei sani concetti, l'Evangelo dell'Iddio nostro, che il difensore si degna di chiamare semplicemente il 'crocifisso amante dell'umanità', in contraddizione con tutta la Russia ortodossa, che acclama a lui: 'Tu sei l'Iddio nostro' (F. Dostoevskij).

Cristo, contemporaneo di ogni uomo

Alla fede dell'ortodosso Dostoevskij fa eco la fede del luterano SÖREN KIERKEGAARD (1813-1855), il quale pure ha lasciato una delle meditazioni più profonde, dal punto di vista spirituale e teologica, sul mistero di Cristo.
Gesù Cristo è per Kierkegaard lo stesso ieri, oggi, sempre:

Gesù Cristo non è dunque lo stesso? Sì, oggi è lo stesso di ieri e di diciotto secoli fa, è lo stesso Gesù Cristo che si è umiliato fino ad assumere la natura di servo (...). Ed è lui pure che ha detto che tornerà in gloria. Al suo ritorno in gloria, è ancora lo stesso Gesù Cristo; ma ciò non è ancora avvenuto (S. Kierkegaard).

Ne consegue, per Kierkegaard, che essere credenti in modo autentico, e non puramente formale ed esteriore, significa essere andati alla scuola della sua degradazione:

Non si può essere diventati credenti senza essere andati a lui, nella sua degradazione, cioè a lui che è segno di scandalo e oggetto di fede. Egli non esiste diversamente, perché solo così è esistito. Che egli ritorni in gloria, è oggetto d'attesa, ma può essere oggetto d'attesa e di fede solo per colui che si è riferito e si riferisce a lui qual è esistito.
Gesù Cristo è dunque lo stesso; tuttavia, egli ha vissuto diciotto secoli fa nella sua degradazione e cambierà al suo ritorno soltanto. Non è ancora tornato, è dunque sempre l'umile che, per la fede, ritornerà in gloria. Le sue parole e la sua dottrina, ogni parola che esce dalla sua bocca, diventano eo ipso falsità quando immaginiamo che siano state pronunciate da Gesù Cristo in gloria. No, in gloria egli tace; parla invece nella sua degradazione. L'intervallo fra la degradazione e il ritorno in gloria, che in questo momento si aggira sui diciotto secoli, e che forse si moltiplicherà, l'intervallo, cioè i dati secolari della storia profana o ecclesiastica intorno alla persona del Cristo e a chi di conseguenza ha pronunciato quelle parole, l'intervallo è senza importanza e non concerne la questione né da vicino né da lontano; esso non fa che snaturare la persona di Cristo (S. Kierkegaard).

Cristo, che è interamente uomo e interamente Dio, diviene allora per Kierkegaard il supremo paradosso per l'uomo, che vuole "comprendere" ogni verità nella forma di un sillogismo puramente logico, e che anche nella sua comprensione della storia si limita all'orizzonte puramente temporale del succedersi degli eventi, ed ignora tutta la dimensione escatologica dell'annuncio evangelico e del ritorno di Cristo nella gloria:

Cristo (Uomo-Dio) è il paradosso che la storia non potrà mai digerire, né riuscirà mai a redigere in forma di sillogismo universale. Egli è il medesimo nell'abbassamento e nell'esaltazione; anche se i 1.800 anni diventassero 18.000, questo non cambia assolutamente nulla. I brillanti risultati raggiunti nella storia universale, i quali riescono a convincere persino un professore di

storia che Cristo era Dio, non sono questi certamente a costituire il suo ritorno nella gloria! Ma di solito si pensa con criteri troppo angusti. Lo si vede dal fatto che si considera Cristo come un uomo il cui ritorno in gloria altro non potrebbe essere o divenire che la conseguenza della sua vita nella storia, mentre il ritorno di Cristo in gloria è una cosa molto diversa, esso costituisce un articolo di fede. Cristo venne in terra abbassando se stesso (Fil 2,7) e fu avvolto in pannicelli (Lc 2); ritornerà nella gloria: a ben considerare, i brillanti risultati sono una gloria troppo meschina e in ogni caso di natura affatto eterogenea, la fede perciò non ne parla mai quando parla della gloria di lui. Egli dunque esiste ancora sempre soltanto nel suo abbassamento, fino a quando (ciò ch'è oggetto di fede) ritornerà nella gloria. La storia può ben essere una scienza eccellente, ma non deve avere la presunzione di arrogarsi le funzioni del Padre, di rivestire cioè Cristo di gloria, coprendolo del fulgido manto dei risultati, come se consistesse in ciò quel ritorno. Affermare ch'egli nel suo abbassamento era Dio e che ritornerà nella gloria, tutto questo supera di molto l'intelligenza della storia e non si può ricavare dalla storia senza un'enorme mancanza di dialettica, per quanto si consideri la storia in tutta la sua magnificenza.
Strano, quando si pensa che si è voluto far ricorso proprio alla storia per provare che Cristo era Dio (S. Kierkegaard).

Ma proprio perché Cristo è Dio che entra nella storia, ovvero, come direbbe Hegel, l'Assoluto nella storia, l'Eterno nel tempo, Cristo non è il passato dell'uomo, non è un fatto storico avvenuto una volta per tutte, ma è il "*contemporaneo*" di ogni uomo nella storia. Divenire cristiani significa allora per Kierkegaard divenire "contemporanei" di Cristo:

Nella situazione della contemporaneità, diventare cristiani (cioè essere formati a somiglianza di Dio) è per la ragione umana un tormento, una miseria e un dolore ancor più grande della più grande delle nostre sofferenze (...) E sarà sempre così, se il diventare cristiani significa in verità diventare contemporanei di Cristo.

E se diventare cristiani non significa questo, tutte quelle chiacchiere a proposito del diventar cristiani non sono che esteriorità, vanità, illusione e in parte anzi bestemmia, peccato contro il secondo comandamento e peccato contro lo Spirito Santo. (...) In rapporto all'Assoluto non c'è infatti che un solo tempo: il presente; per colui che non è contemporaneo con l'Assoluto, l'Assoluto non esiste affatto. E poiché Cristo è l'Assoluto, è facile vedere che rispetto a lui è possibile solo una situazione: quella della contemporaneità; 300, 700, 1.500, 1.700, 1.800 anni a lui non tolgono né aggiungono nulla; non lo cambiano, né rivelano chi egli era poiché chi egli sia è manifesto solo per la fede.

Per parlare sul serio, Cristo non è né un commediante e neppure un semplice personaggio storico; (...) poiché egli, come paradosso, è una persona astorica al massimo grado. Ma la differenza fra la poesia e la realtà è questa: la contemporaneità.

La differenza fra poesia e storia consiste certamente nel fatto che la seconda riferisce ciò ch'è avvenuto realmente, mentre la prima esprime il possibile, il pensato, il poetato (...) Ma ciò ch'è avvenuto realmente (il passato) non è ancora il reale che in un certo senso, cioè in contrasto alla poesia (...) Manca la categoria propria della verità (come interiorità) e la categoria di ogni religiosità: il «PER TE».

Il passato non è in realtà: per me è realtà solo la contemporaneità. Ciò con cui tu vivi da contemporaneo, ecco cos'è la realtà. E così ogni uomo può diventare contemporaneo soltanto dell'epoca in cui vive; e poi di un'altra cosa ancora, della vita di Cristo sulla terra; poiché la vita di Cristo sulla terra, la storia sacra, sta a sé fuori della storia (...) Un «Cristianesimo storico» è una pura filastrocca, una confusione anticristiana; infatti i veri cristiani, che in ogni generazione sono contemporanei con Cristo, non hanno nulla a che fare con i cristiani della generazione precedente, ma tutto col Cristo contemporaneo. La sua vita sulla terra possiede la contemporaneità eterna.

> *(...) Se tu non potessi risolverti a diventare cristiano, nella situazione della contemporaneità con Cristo, neppur lui nella situazione della contemporaneità potrebbe muoverti e attirarti a sé: così tu non diventerai mai un cristiano.*
> *(...) Se non puoi sopportare la contemporaneità (...), e se tu di tua volontà non ti prostri e l'adori: tu non sei cristiano essenzialmente* (S. Kierkegaard).

Cristo è per Kierkegaard la Verità, al di sopra di ogni capacità o sforzo della ragione filosofica, ed è la Vita:

> *Cristo è la Verità nel senso in cui essere la verità è l'unica vera spiegazione di ciò ch'è la verità. Si può dunque interrogare un apostolo, un cristiano su cos'è la verità, ed essi risponderebbero additando Cristo e dicendo: «Guardate lui, imparatelo da lui, egli è la Verità». Vale a dire: la verità è nel senso in cui solo Cristo lo è: non come una somma di proposizioni, non come una determinazione di concetti ecc., ma come Vita* (S. Kierkegaard).

Cristo, Mediatore universale

Da parte cattolica, anche il filosofo MAURICE BLONDEL (1861-1949) si chiedeva se il Cristo inteso solamente come ideale morale o come pietra miliare del progresso religioso e mistico dell'umanità, corrispondesse alla verità del Cristo come Mediatore universale, il Vivente assoluto, il mistero inaccessibile del Verbo fatto carne.
Cristo è per Blondel il Mediatore universale, "*per quem omnia facta sunt, in quo omnia constant*". E nella sua meditazione sul mistero del Verbo fatto carne, Blondel si rifà direttamente a san Bernardo:

> *Per realizzare questa unità e questa solidificazione, san Bernardo indica l'indispensabile ruolo del Mediatore, il Verbo eterno fatto carne, che conosce tutte le cose create aliter per carnem, aliter per divinitatem, conferendo in questo modo una realtà a tutta la sua opera dal duplice punto di vista della sua*

azione creatrice e dell'azione delle sue creature: Mediatore universale in cui tutto si proietta e assume un valore di certezza e di finalismo provvidenziale (M. Blondel).

È il "Mediatore universale", in cui trova compimento ogni realtà creata e increata:

(...) *Cristo è il Mediatore universale che la rivelazione evangelica propone come il principio stesso di tutta l'armatura intellettuale e di tutta la vitalità spirituale. Infatti di questo mediatore è stato scritto: Egli è la luce che illumina ogni uomo che viene in questo mondo.*
(...) Ancor più, è attraverso questo mediatore, testis verus et fidelis omnium rerum et relationum, che questo ordine contingente, imperfetto e limitato per natura, si trova collegato all'infinita verità e alla vita divina, dove può essere elevato da una grazia soprannaturalizzante, senza la quale non c'è cristianesimo (M. Blondel).

Cristo è la relazione che unisce ogni uomo con Dio, e in quanto Verbo incarnato è intimamente legato alla piena riuscita di ogni essere creato, in particolare di ogni esistenza umana:

(...) Non vi è che un solo problema: il problema della relazione, nel Cristo, dell'uomo e di Dio, e, per conseguenza, anche quello della relazione del Cristo con ciascuno di noi (...).
Egli è l'universale stigmatizzato di tutte le miserie umane: aliter per carnem, aliter per divinitatem, ha detto San Bernardo, idem eadem cognoscens. E allora, lagrime, angosce, agonia, nulla che non sia sincero, sostanzialmente vero, umanamente e divinamente reale. Poiché se la coscienza dell'uomo non è assorbita in lui dalla luce del Verbo, è perché tutte le nostre umanità servono da scranno alla sua; perché, se noi siamo da lui, in un certo senso egli è da noi; perché egli è alla lettera il Figlio dell'Uomo, e se la creazione ha la sua

consistenza nella conoscenza e nella volontà amorosa del Cristo, il Cristo ha la sua singola realtà di essere contingente, dall'universale riuscita di ogni vita e di ogni essere creato in lui.
Lungi dunque dal dovere spegnere la divinità o diminuire l'umanità del Cristo per conservarle salve l'una dall'altra; forse prendendo più profondamente coscienza della loro realtà e della loro intimità a noi, scopriremo il segreto della loro unità in Lui e della loro unione soprannaturale in noi (M. Blondel).

Cristo, Amen dell'universo

Tutta la creazione, per Blondel, attende l'Emmanuele, perché la creazione stessa è stata posta in essere "in vista di lui". Essa quindi non gode di una autonomia assoluta, ma relativa, nel senso che potrà realizzare pienamente se stessa solo nell'unione con il Verbo incarnato, che è il suo vero fine. È questo il celebre "metodo dell'immanenza" proposto da Blondel, consistente nel saper riconoscere la presenza di Cristo non solo nella sua dimensione trascendente, ma in tutta la sua presenza "immanente" nella creazione, e in particolare nella "coscienza" dell'uomo, chiamato in modo originario e unico al rapporto con Lui.

Bisogna dimostrare che la creazione intera postula, come necessità conseguente, l'Emmanuele; che la materia esiste unicamente in funzione della Ragione sensibile; che l'uomo non sussiste che in rapporto con il Verbo incarnato; che c'è un'Immanenza oggettiva, così come un'Immanenza soggettiva, e che tutte e due si fondano su questo Realismo del Soggetto-Oggetto che è Deus-Homo, Verbum-Caro, vale a dire questo legame universale, questo vivente vivificante che è, secondo il detto di Pascal, al tempo stesso e ugualmente e infinitamente in noi e fuori di noi (M. Blondel).

Ma se Cristo è il vero ed unico fine della creazione, l'incarnazione del Verbo, per Blondel, — come per la teologia orientale e per la teologia francescana che si ispira a

Duns Scoto, — è prevista dall'eternità, anche indipendentemente dalla necessità storica della redenzione:

> *Fra queste due opinioni teologiche fin qui libere: una, secondo la quale l'Incarnazione del Verbo non ha altra ragione d'essere che il peccato originale in vista della Redenzione cruenta, l'altra, secondo cui il piano primitivo della creazione includeva il mistero dell'Uomo-Dio, dimodoché la caduta avrebbe solo determinato la forma dolorosa e umiliata del Cristo con la sovrabbondanza di grazia e di dignità che è il frutto di questa sovrabbondanza d'amore, può darsi che un giorno la Chiesa decida e decida in favore della seconda tesi* (M. Blondel).

Ne consegue che se la creazione non può realizzarsi fuori dal Cristo, e l'incarnazione è il vero scopo della creazione, anche Cristo non può esistere senza la creazione, perché non può essere compreso nella sua divino-umanità senza l'incorporazione della creazione intera, mediante l'incarnazione, nella sua Persona divina:

> *(...) non è soltanto dal punto di vista etico e deontologico, è dal punto di vista ontologico che il determinismo dei fenomeni è sospeso alla realtà, infinitamente gratuita nella sua prima iniziativa creatrice, infinitamente obbediente nell'esecuzione del disegno divino, del Cristo, del Primogenitus omnis creaturae, in quo omnia constant. Quello che ho tentato di sviluppare (...) è una giustificazione implicita della tesi francescana, e più ancora (...) è questa idea che, risalendo la catena srotolata fino alle forme infime della materia, non si può mancare di arrivare all'a e all'o, al Verbo incarnato; che non soltanto materia e pensiero non si spiegano, non si sostengono, non sussistono neppure fenomenicamente se non attraverso l'Emmanuele, ma anche che, reciprocamente, l'Emmanuele, il Deus-Homo non si spiega, non sussiste se non attraverso l'incorporazione dell'universo, attraverso l'assunzione in sé dell'ordine totale, attraverso la simpatia, anzi attraverso la passione che fa sì*

che egli sia agito da tutto il resto; che la creazione intera è come lo specchio riflettente, il solo capace di dare alla divina coscienza della persona del Verbo una consistenza umana: in modo che, concependo il piano creatore non come una cattiva pièce fatta di pezzi disparati e di episodi riportati, bensì come un'unità feconda che sviluppa le proprie ricchezze in modo logico attraverso gli interventi stessi della libertà, io considero che la creazione non è possibile se non attraverso l'Incarnazione e che l'Incarnazione non è possibile se non attraverso la creazione (...).
Io sosterrei che esiste, nella coscienza del Cristo, un elemento che chiamerei extra-divino, vale a dire la presenza reale delle creature in quanto tali, una simpatia per le sensibilità infinitamente multiple che va fino alla passione personale; per dirla in breve, qualche cosa che Dio stesso ha da guadagnare o da perdere come l'amore libero degli eletti e l'odio volontario del dannato. Non eliminiamo, dunque, la coscienza umana di Cristo, per non cadere in nessuna forma, per quanto sottile possa essere, di docetismo e di impassibilità (M. Blondel).

Cristo è per Blondel "l'Amen dell'universo", in cui sono contenute tutte le finalità originarie della creazione e della redenzione, le cause prime e le cause seconde di tutto ciò che è, in cui dimora la pienezza dell'amore e la pienezza dell'essere perché è l'Essere da cui ha origine ogni essere:

Fin qui bisogna giungere per vedere (...) i mezzi dell'amore creatore nel dono gratuito dell'essere ad altri che non siano l'Essere. E, senza questa vista, non si riuscirà mai a fondare l'esistenza di chicchessia.
(...) Forse, destinato a ricevere in sé la vita divina, l'uomo avrebbe potuto rappresentare questa parte di legame universale e bastare a questa mediazione creatrice, perché questa immanenza di Dio in noi sarebbe come il centro magnetico che congiungerebbe ogni cosa, come fascio d'aghi invisibilmente legati da potente calamita. Ma affinché, malgrado tutto, la mediazione fosse

> *totale, permanente, volontaria, tale in una parola da assicurare la realtà di tutto quel che indubbiamente potrebbe non essere, ma che, essendo com'è, esige un testimonio divino, occorreva forse altresì un Mediatore che si rendesse paziente di questa realtà integrale e fosse in certo modo l'Amen dell'universo, testis verus et fidelis qui est principium creaturae Dei. Forse occorreva che, diventato lui stesso carne, con una passione necessaria e volontaria insieme, facesse la realtà di ciò che è determinismo apparente della natura e conoscenza forzata dei fenomeni obbiettivi, la realtà delle colpe volontarie e della conoscenza privativa che ne è la sanzione, la realtà dell'azione religiosa e della sublime destinazione riservata all'uomo pienamente coerente al suo proprio volere. È lui la misura di tutte le cose* (M. Blondel).

E in quanto Mediatore, Cristo è anche il *Realizzatore universale*, colui che realizza ogni nostro legame conoscitivo e affettivo, in quanto sorgente e legame di ogni essere:

> *In realtà forse noi non possiamo attingere l'essere in nulla, senza passare per lo meno implicitamente attraverso Colui che, sorgente e legame di ogni essere, è il Realizzatore universale* (M. Blondel).

L'umanità di Gesù

Contro ogni forma di docetismo, di astratto spiritualismo e di angelismo, per Blondel è impossibile separare Cristo dalla sua natura umana, Dio dall'uomo:

> *Se è vero, secondo la dottrina di s. Teresa, che vi è illusione a credere che per distaccarsi meglio dalle cose materiali e per trovare Dio più puramente, occorra oltrepassare l'umanità del Cristo, mentre invero quella umanità santa, «non dovendo esser messa in questo punto», resta la via unica, come la verità suprema, tale che senz'essa nulla nella terra come nel cielo è conosciuto nel suo*

fondo, allora sembra che la filosofia, richiedendo per concepire la realizzazione effettiva dell'ordine integrale delle cose un elemento distinto insieme dalla natura e da Dio stesso suo autore, chiarirebbe e giustificherebbe dal suo punto di vista ciò che è forse un dogma implicito, l'Emmanuele, causa finale del disegno creatore (M. Blondel).

Occorre allora prendere sul serio, con tutte le sue conseguenze, la "realtà" della piena umanità del Cristo, che nella sua coscienza di Verbo sperimentava anche la contingenza della sua natura di uomo:

Il problema della coscienza intima del Cristo è, sotto certi riguardi, un campo inesplorato; e la difficoltà è grande per non abolire l'umanità o la divinità nell'unità interiore della sua misteriosa persona. Non basta, in realtà, giustapporre meccanicamente in lui la natura umana alla natura divina, come entità astratte e statiche, collegate dall'abbracciamento di una nozione ugualmente astratta, la nozione della personalità. Il credente istruito non può più non domandarsi qual sia dunque l'elemento finito che stigmatizza del suo carattere limitativo la scienza umana di Gesù, per impedirle di perdersi nell'Oceano della scienza del Verbo: come sia possibile che alcune delle sue parole e dei suoi atteggiamenti non siano una semplice finzione; come infine sussista in lui qualcosa di quella mescolanza d'ombra e di luce che sembra la condizione di ogni coscienza umana (...). (M. Blondel).

Anche François MAURIAC (1885-1970) nella sua celebre *La vita di Gesù* non teme di considerare Gesù come il Verbo di Dio che, nell'incarnazione, ha assunto su di sé tutta la limitatezza e la miseria dell'uomo:

Ciò che, più di qualsiasi altra ragione, mi ha persuaso a osar di scrivere questa vita, è appunto il bisogno di ritrovare, di toccare in qualche modo l'Uomo vivente e sofferente, il cui posto rimane vuoto in mezzo al popolo; il Verbo incarnato, ossia un essere di carne, d'una carne simile alla nostra. Alcuni dei miei contraddittori (...) si meravigliano che io non provi come loro la tentazione di risparmiare a Gesù gli avvilimenti della vita carnale, per non accordargli che una vita puramente spirituale. Perché un Couchoud, un Dulardin, non sono già dei bestemmiatori né, per essere esatti, degli atei: essi non negano l'esistenza storica del Salvatore se non per assicurargli una vita indipendente da tutto ciò che limita, impiccolisce e umilia in lui il Dio. Non solo una tale tentazione non mi ha mai sfiorato, ma su questo punto io sempre ho ceduto a un'esigenza del mio spirito che non si muove a proprio agio se non nel concreto.

Devo confessarlo? Non avessi conosciuto il Cristo, "Dio" sarebbe stato per me un vocabolo vuoto di senso. Salvo il caso d'una grazia particolarissima, l'Essere infinito mi sarebbe stato inimmaginabile, impensabile. Il Dio dei filosofi e degli eruditi non avrebbe occupato nessun posto nella mia vita morale. È bisognato che Dio s'immergesse nell'umanità e che a un preciso momento della storia, sopra un determinato punto del globo, un essere umano, fatto di carne e di sangue, pronunciasse certe parole, compiesse certi atti, perché io mi getti in ginocchio. Se il Cristo non avesse detto: «Padre nostro...» io non avrei mai avuto da me stesso il senso di questa filiazione; questa invocazione non sarebbe mai salita dal mio cuore alle mie labbra. Io non credo che a ciò che tocco, che a ciò che vedo, che a ciò che s'incorpora nella mia sostanza; ed è perciò che ho fede nel Cristo. Tutti gli sforzi per diminuire in lui la condizione umana, si scontrano con la mia profonda tendenza; e certamente ad essa bisogna riferire la mia ostinazione a preferire al volto del Cristo-Re, del Messia trionfante, l'umile figura torturata che nella locanda d'Emmaus i pellegrini di Rembrandt riconobbero alla frattura del pane: il fratello nostro coperto di ferite, il nostro Dio.

(...) Se io non credessi alla parola d'un certo uomo nato sotto Augusto e crocifisso sotto Tiberio, se tutta la Chiesa riposasse sopra un sogno o sopra una menzogna (medesima cosa ai miei occhi), i suoi dogmi, la sua gerarchia, la sua disciplina e liturgia si spoglierebbero per me d'ogni valore e anche d'ogni

beltà: la sua beltà è lo splendore del vero. Se Gesù non fosse il Cristo, io non sentirei nelle cattedrali che un vuoto immenso (...). (F. Mauriac).

Con sentimenti molto simili anche il suo contemporaneo ma meno conosciuto scrittore francese JOSEPH MALÈGUE (1876-1940), autore di *Augustin ou le Maître est là* (1934), ama meditare sulla realtà umana del Verbo incarnato:

Dio, nell'Incarnazione, si è adattato alle condizioni anatomiche e fisiologiche umane...; ha dovuto accettare anche le condizioni sociali e, tra esse, i metodi storici di un Pescatore di Tiberiade (...).
Egli ha preso il corpo umano, la fisiologia umana, lo stato di povertà, la condizione di vita delle classi umili, la polvere dei viaggi a piedi; il tipo sociale di seminomade dei pescatori e pastori; i piatti di pesce e i pani d'orzo, il parassitismo dell'apostolato.
Ho sentito questa semplice predica in una chiesa italiana: «Gli uomini del suo tempo passavano accanto a Gesù senza riconoscerlo. Se qualcuno chiedeva: Chi è?... si rispondeva: Ah! è il figlio di quell'artigiano a domicilio, sì, quel "tipo" che predica tra le barche e sulle piazze. Fa ancora colpo sugli stranieri, ma noi ormai lo conosciamo bene. Dove è oggi? In qualche posto, sulla riva del lago. Racconta delle storie. C'è sempre gente che lo ascolta. Manda i porci nell'acqua. Vorrei che si provasse a far così con i miei!».
Gesù ha preso le categorie sociali del suo paese e del suo tempo; gli obblighi del rito, i codici penali, la forma delle pene capitali, le immagini e i racconti di un ebreo di Palestina, ha rivelato le sue idee e le sue azioni attraverso metodi puerili.
È incespicato, è caduto come qualsiasi uomo; la pesantezza gravò anche su di lui. Anche per lui le pietre furono dure e i legni pesanti. Anche lui ha sudato lavorando.
Ha sudato sangue umano nel Getsemani, sangue e acqua umani sono usciti sotto il colpo di lancia, sul Calvario. Il microscopio ce li rivelerebbe. Ha

sopportato con nervi d'uomo tutti i particolari di una morte umana, la sete causata dall'emorragia, l'immobilità terribile della croce. I suoi polmoni hanno gettato il loro ultimo respiro, come per tutti i morenti.
Egli ha sofferto con la sua anima umana l'amarezza delle opere umanamente spezzate, l'accasciamento delle grandi disfatte, lo scherno della gente, gli scotimenti di testa, quel ridicolo gettato sulle sue ultime ore, tutto ciò che aveva già sentito nella feccia del calice, a un tiro di sasso da coloro che dormivano. Sua madre gli bagnava i piedi di lacrime.
Egli ha sofferto l'abbandono del padre, l'abbandono di Dio, l'aridità e il deserto degli sconforti assoluti: questa croce sulla croce, questa morte nella morte.
Accettare la condizione umana significa accettare tutto questo. Egli si è fatto passibile, mortale, sconosciuto per molto tempo.
Io non mediterò mai a sufficienza l'abisso della santa umanità del mio Dio (J. Melègue).

E analogamente a Malègue, il quale scriveva: "*Anche le anime più modeste contano e costituiscono le classi medie della santità*", perché queste anime, nonostante gli errori, le cadute, le debolezze, "*non perdono mai il sentimento della paternità di Dio*" (Malègue), anche Mauriac dedica molte pagine ai cristiani che, pur non possedendo virtù eroiche, camminano con fatica e sudore sulla via della sua sequela, tuttavia nutrono una fiducia sconfinata nell'amore di Cristo, e un'incrollabile fede nella sua parola:

E poi, ci sono gli altri, i fedeli che rimangono a mezza costa, che lottano, soccombono, si rialzano, ricadono, si trascinano di nuovo su per l'erta rossa del sangue di quelli che li hanno preceduti. Tutti, peccatori e santi, hanno creduto a una parola, hanno confidato in una stessa affermazione: «Il cielo e la terra passeranno, ma le mie parole non passeranno». Gli uni e gli altri, i santi e i peccatori, nei loro momenti di dubbio e d'angoscia hanno gridato: «Verso chi andremo, Signore? Tu possiedi le parole della vita eterna». Si guarderebbero bene dal fare ciò che hanno fatto i morti! Che importa a loro la cenere di quelli che non hanno amato! Non si tratta, per essi, di accettare una eredità nazionale, né di simulare la fede in leggende che gioverebbero alla conservazione di certe utili virtù. Se, tanto per dire, fosse loro rivelato che il Figlio dell'Uomo non è il Figlio di Dio, essi non lo seguirebbero più, non abbraccerebbero più la sua croce (...). Camminano dietro a lui perché egli ha detto: «Io sono il Cristo...» ed essi l'hanno creduto sulla parola (F. Mauriac).

Per Mauriac, come per Melègue, Cristo è il solo e unico fondamento della Chiesa, che con tutto il suo splendore sarebbe solo un tempio vuoto senza di lui:

Un artista incredulo considera la nobile e illustre facciata che la Chiesa innalza dinanzi al mondo; egli ammira la nave di Pietro immutabile al disopra dei secoli. Ma ne dimentica le fondamenta: tante vite sacrificate, tanti olocausti. Da diciannove secoli, di generazione in generazione, la miglior parte dell'umanità si mette, di sua piena volontà, in croce, e vi rimane senza che nessuna beffa possa farnela discendere. Nessuna considerazione d'ordine morale, estetico o sociale, mi farebbe accettare questa crocifissione di tante creature, se Gesù di Nazaret non fosse il Cristo, il Figlio di Dio — s'egli non fosse esistito (F. Mauriac).

E Melègue aggiunge che persino il volto di Dio non è comprensibile senza Cristo:

Cristo non mi è intelligibile per il fatto che è Dio. È piuttosto Dio che mi sarebbe incomprensibile se egli non fosse Cristo (J. Melègue).

L'immagine fisica di Gesù

Il poeta tedesco WILHELM Von POLENZ (1861-1903), e lo scrittore inglese GILBERT KEITH CHESTERTON (1874-1936), rifiutano l'immagine tradizionale e "sdolcinata" che viene offerta di Gesù, e cercano di raffigurarsene la personalità e la figura, partendo dalle stesse parole dei Vangeli:

No, Signore!
Non era questo
il tuo aspetto.
Non questo!
Questa bella testa d'uomo
color latte e miele,
dagli occhi inespressivi,
la bocca una ciliegia,
effeminata, dolciastra,
non è la tua effigie.
No davvero!

Il mio occhio ti vede
passare per Sichem,
sulle brulle alture
del Tabor e del Carmelo,
nel nudo deserto,
sulle rive amene
del lago di Genezareth, e soggiorni in Betsaida,
e riposi nella tua
prediletta Cafarnao.

A testa china,

magro e a capo scoperto,
abbronzato dal sole,
le chiome brune
della testa pensosa
scomposte dal vento: così ti vide il deserto,
cosi ti videro i monti,
le città e i laghi
di Galilea.

Vestito di sacco,
i piedi impolverati,
ecco che tu avanzi.
Già di te profetava
Isaia: «Non aveva
appariscenza né bellezza».
Nel tuo capo
brillano gli occhi,
due occhi senza fondo,
chiari come il meriggio,
amabili come l'aurora,
miti come il crepuscolo,
ardenti come il fulmine,
tristi e misteriosi
come notte che cala.

E la tua fronte,
scrigno dei pensieri,
che piccolo alloggio!
Eppure contiene
le sorti supreme

del mondo e degli uomini.
Dall'alfa all'omega,
ciò che fu e sarà,
cibo agli affamati,
ristoro agli assetati,
conforto di morenti,
speranza dei poveri,
sostegno degli storpi,
scandalo dei sapienti,
tu miele e fiele,
pungolo e balsamo,
fonte eterna di purezza,
per mille e mill'anni
luce tu e legge.

Dalla tua fronte
risplende il sole
ai cui fulgori
le umane genti
si scalderanno,
si bruceranno,
nella cui luce
cammineranno
peregrinando
lungo il deserto
dalla culla alla tomba.

E le tue labbra,
labbra sottili,
nel cui sorriso

alberga il pianto,
pianto più ardente
e più salato
ché mai altri occhi
abbian versato.

Ché quella ruga
presso la tua
bocca tremante
vuol dire pena.
Conoscevi gli uomini,
e chi, conoscendoli,
non piangerebbe?
Quel tremante sorriso,
la dura riflessione
dentro i tuoi occhi,
la piega amara
sulle tue guance,
chi li ha formati
se non l'eterna compassione?

E quelle labbra
che, come spade,
sguainan parole,
quelle labbra sottili
sapean dell'altro:
sapean tacere.

La cosa massima
che tu sapevi,

mai non è uscita
dalle tue labbra:
il più profondo,
più tuo dei segreti
tu l'hai portato
con te sotterra (W.von Polenz).

Anche per Chesterton Gesù possedette una personalità assolutamente imprevedibile:

> *Invece di cercare libri e pitture sul Nuovo Testamento, ho aperto il Nuovo Testamento e vi ho trovato non già la storia di una persona con i capelli divisi sulla fronte o con le mani congiunte in atto di preghiera, bensì di un essere straordinario dalle labbra tuonanti e dai gesti bruschi e decisi, che rovesciava tavole, cacciava demoni, e passava col selvaggio mistero del vento dall'isolamento della montagna ad una specie di paurosa demagogia; un essere che spesso agiva come un dio irato — e sempre come un dio. Cristo ha avuto anche uno stile letterario suo proprio che non trova riscontro, credo, in nessun altro, e che consiste nello uso quasi furioso dell'a fortiori. I suoi «quanto più» si accavallano gli uni sugli altri come castelli sulle nubi. La letteratura su Cristo è stata, forse saggiamente, dolce e remissiva. Ma la parola di Cristo è stranamente gigantesca: piena di cammelli che saltano attraverso le crune degli aghi e di montagne scaraventate nel mare. Anche moralmente è terrificante: Egli ha chiamato se stesso strumento di strage e ha detto agli uomini di comprare spade a costo di vendere il vestito. Che, poi, Egli abbia usato anche più forti parole nel senso della non-resistenza, non fa che rendere più fitto il mistero; se mai, aggiunge piuttosto altra violenza. Né possiamo spiegarci ciò, chiamandolo un essere anormale: la pazzia generalmente segue una linea coerente; il maniaco è generalmente un monomaniaco. Qui dobbiamo richiamare la difficile definizione del Cristianesimo già data: il Cristianesimo è un paradosso sovrumano per cui due opposte passioni possono fiammeggiare*

accanto. La sola spiegazione del linguaggio del Vangelo che sia una spiegazione, è che esso è la vista di uno che da un'altezza soprannaturale scruta una più sorprendente sintesi (G.K. Chesterton).

Cristo-Logos

La filosofa EDITH STEIN (1891-1942), di origine ebraica, promettente assistente del filosofo Edmund Husserl, convertitasi al cristianesimo dopo la lettura della *Vita* di santa Teresa d'Avila, divenuta quindi carmelitana, e in seguito, in quanto ebrea, uccisa nel campo di Auschwitz, ora beatificata da Giovanni Paolo II, è particolarmente sensibile, in quanto ricercatrice di professione della verità, al mistero di Cristo come "Verità".

Riprendendo le meditazioni dei Padri e dei Dottori medievali, Edith Stein vede nel Cristo soprattutto il mistero del Logos eterno di Dio che si fa uomo per amore dell'uomo, ma che non cessa di essere il "Principio" in cui tutte le cose sono state create, la Verità attesa e richiesta da tutta la ricerca filosofica, l'eterna ed unigenita Parola del Padre.

«En arché én ó Lógos», così risponde la Sapienza eterna all'interrogato del filosofo. I teologi traducono: «In principio era il Verbo» e con questo termine intendono il Verbo eterno, la seconda persona della SS. Trinità. (...) Aggiungiamo inoltre che la Sapienza eterna, attraverso l'apostolo Paolo, dice: «(...) autós estin pro pánton, kai ta panta en autó synésteken. Egli è prima di tutte le cose, e tutte le cose hanno in lui la loro consistenza e connessione».

Evidentemente questi due testi della Sacra Scrittura ci portano molto più lontano di quanto ci dischiuda l'intelletto nella sua ricerca. Ma forse il significato filosofico del Lógos, a cui siamo spinti, può aiutarci a comprenderne il significato teologico, e d'altra parte la Verità rivelata può a sua volta aiutarci nelle difficoltà filosofiche. Cerchiamo ora di chiarire il significato di questi due testi della Sacra Scrittura.

(...) Col termine senso, ragione (Lógos), san Giovanni nel suo Vangelo indica una Persona divina, non quindi qualcosa di non-attuale-reale, bensì ciò che c'è di più attuale-reale. Ed egli di seguito aggiunge: «pánta dia autou egéneto: per mezzo di lui tutte le cose sono costituite». E a questo si collega, per il significato simile, l'espressione sopra riportata di san Paolo che attribuisce «consistenza e connessione» alle cose nel Lógos. Dobbiamo perciò intendere il Lógos divino come un essere attuale-reale, secondo la dottrina della Trinità, come l'Essere divino. Si comprende che venga denominato senso (o ragione), perché è l'Essere divino in quanto inteso, in quanto contenuto della conoscenza divina, in quanto suo 'senso spirituale'. Può essere chiamato anche verbo, perché è il contenuto di ciò che Dio dice (...); o, ancora più originariamente, perché il Padre si esprime e il Verbo è generato dal suo parlare. (...) e non è possibile separare il suo essere essenziale dal suo essere attuale-reale, perché l'essere eterno è essenzialmente attuale-reale e, in quanto Essere primo, è l'autore di ogni essere. (...). Poiché la persona del Figlio e il suo essere attuale-reale è qualcosa di 'nuovo' in rapporto alla persona del Padre, di essa si può anche dire che riceve l'essenza. Ma l'essenza non riceve il suo essere essenziale. La stessa espressione 'en arché en ó Lógos' consente una simile interpretazione, se pensiamo al significato del termine 'arché' nella filosofia greca. Non equivale a 'inizio', inteso come 'cominciamento nel tempo', ma a 'primo ente', l'ente originario. Perciò l'espressione misteriosa assume questo significato: «Nell'Ente primo era incluso il Lógos (il senso o l'essenza divina) — nel Padre era il Figlio —, il senso dell'attualità-realtà originaria (Edith Stein).

T.S. ELIOT (1888-1965), nella poesia *Mercoledì delle ceneri*, intuisce che anche nel silenzio ed oltre il silenzio è presente il Verbo, e che anche alla "parola non detta" fa da sfondo il Logos, sebbene gli uomini preferiscano ascoltare il "rumore" e si rifiutino di dimorare presso la "Voce":

Se la parola perduta è perduta, se la parola spesa è spesa

Se la parola non detta e non udita
È non udita e non detta;
Sempre è la parola non detta, il Verbo non udito,
Il Verbo senza parola, il Verbo
Nel mondo e per il mondo
E la luce brillò nelle tenebre e
Il mondo inquieto contro il Verbo ancora
Ruotava attorno al centro del Verbo silenzioso.

O mio popolo, che cosa ti ho fatto.

Dove ritroveremo la parola, dove risuonerà
La parola?
Non qui, che qui il silenzio non basta
Non sul mare o sull'isole, né sopra
La terraferma, nel deserto o nei luoghi di pioggia,

Per coloro che vanno nella tenebra
Durante il giorno e la notte
Il tempo giusto e il luogo giusto non sono qui

Non v'è luogo di grazia per coloro che evitano il volto
Non v'è tempo di gioire per coloro che passano in mezzo al rumore e negano la Voce (T.S. Eliot).

La filialità di Gesù

Per ROMANO GUARDINI (1885-1968), il mistero di Cristo si riassume nel suo essere Figlio rispetto al Padre. L'ubbidienza del Figlio testimonia per Guardini l'infinito amore del Padre, che viene incontro ad ogni uomo bisognoso di amore e di redenzione, con i tratti di un amore paterno e pieno di comprensione, di accoglienza, di considerazione, al di là di ogni giudizio di condanna e di riprovazione fondato sulla ferrea legge dei meriti e dei castighi.

Se qualcuno domandasse qual è il tratto che esprime ciò che la personalità di Gesù ha di più intimo, bisognerebbe rispondere: il suo carattere di figlio. Figliolanza divina, certo, ma figliolanza reale. Gesù è totalmente ed integralmente figlio. Egli sta con assoluta purezza in questo suo atteggiamento filiale. Noi non potremmo mai, dopo aver letto il Vangelo, rivolgerci a Gesù dicendogli Padre nostro; le stesse parole nostre si rifiuterebbero di farlo. Quando noi lo invochiamo lo chiamiamo «Redentore», «Maestro», «Signore» e forse, in un momento di maggior confidenza, «Fratello». È stato per l'appunto Paolo che ha aperto le nostre labbra a questa espressione, quando egli ha chiamato Gesù «il primogenito tra un gran numero di fratelli» (Rom 8,29). (...) Gesù è Figlio nel suo atteggiamento, nelle sue parole, nel suo pensiero, in tutta l'intima disposizione del suo cuore.

(...) Ma dove vi è un figlio, esiste anche un padre. Pensiamo a quell'atteggiamento nel quale si esprime più fortemente il carattere di Figlio in Gesù: la sua ubbidienza. Proprio nel Vangelo di san Giovanni incontriamo continuamente l'espressione sulla «volontà del Padre» e sull'ubbidienza di Gesù. Ad esempio, il Signore dice: «Il Figlio da sé non può far nulla, ma soltanto ciò che vede fare al Padre» (Gv 5,19). Oppure: «Io non cerco la mia volontà, ma la volontà di Colui che mi ha mandato» (Gv 5,30). O ancora: «Il mio cibo è fare la volontà di Colui che mi ha mandato » (Gv 4,34). Ci troviamo di fronte all'espressione di una ubbidienza che corrisponde alla volontà più profonda dell'essere, che costituisce una necessità vitale assoluta. Nell'ora del Getsemani, egli dice: «Padre mio... però non come voglio io, ma come tu vuoi» (Mt 26,39). E le ultime parole che egli dice, sono: «Padre, nelle tue mani rimetto lo spirito mio» (Lc 23,46).

(...) Questo suo carattere di Figlio è così vivente che noi ci chiediamo, involontariamente: ma qual mai padre è questo perché uno possa essere suo figlio a questo modo? Come deve essere potente Colui che ordina perché una simile ubbidienza sia possibile!
(...) Ci troviamo qui di fronte ad una ubbidienza di grandezza pari alla grandezza del comandamento. Gesù l'ha espressa con queste parole, piene della divina coscienza che egli aveva di se stesso: «Poiché quanto questi (il Padre) fa, il Figlio similmente lo fa» (Gv 5,19).
(...) Alla fine del prologo del Vangelo di san Giovanni, stanno queste parole: «Nessuno ha mai visto Dio; il Figlio unigenito che è nel seno del Padre, lui lo ha rivelato» (Gv 1,18). Quale intima vicinanza si trova in questa frase che riprende ed approfondisce quella che si trova all'inizio dello stesso prologo: «In principio era il Verbo, ed il Verbo era presso Dio, ed il Verbo era Dio» (Gv 1,1). Le parole che Gesù ha pronunziate prima della sua fine vi appongono una specie di sigillo: «Padre, nelle tue mani rimetto lo spirito mio» (Lc 23,46). Questa intimità filiale era in Gesù ed ha fatto sentire il Padre anche là dove egli non parlava espressamente di lui.
(...) Nella misura in cui Cristo ci si manifesta, anche il Padre suo ci viene incontro, come dice questa frase del discorso dell'addio: «Chi ha veduto me, ha veduto il Padre». Certo, non è questo un risultato che si ottiene mediante una sottile psicologia, ma mediante quella intima dimestichezza e familiarità che si raggiunge soltanto con la preghiera (R. Guardini).

Cristo, realizzatore dell'uomo

Il filosofo MICHELE FEDERICO SCIACCA (1908-1975) ha lasciato pagine indimenticabili su Cristo come "il realizzatore" dell'uomo, dell'uomo completo, spirito e corpo, su Cristo come "pane" dell'uomo. Come recita la preghiera al Padre insegnata da Gesù, l'uomo ha bisogno del pane terreno non meno del pane celeste: e Cristo è il "pane della vita". Sciacca ama meditare su Cristo nella "casa del pane",

Betlemme, che ha accolto il natale di Cristo in cui si manifesta — epifania — il mistero del suo essere "pane vivo dello spirito e del corpo".

> *A Betlemme (Lc 2,4-21) o «Casa del pane» nasce Gesù Cristo, il Messia. Casa del pane nel duplice senso di grazia del Verbo o di pane dello spirito, anche del pane eucaristico, e di pane del corpo, perché duplice è il pane necessario all'uomo, che è unione sostanziale di spirito e di corpo; e Cristo è vero Dio e vero Uomo. Pane vivo dello spirito, pane vivo del corpo (...).*
>
> *Nasce «in praesepio», in una «greppia»; in ogni caso, nasce in un luogo in cui vi si possa nutrire, «pascersi» (...). L'uomo, ovunque nasca, deve nascere sempre in una mangiatoia; nasce fame, del corpo e dello spirito; nasce una fame sola. Ma i suoi primi bisogni sono corporali, vitali. Il vitale, la vita, è la base, il punto di sostegno necessario del fondamento, che è lo spirito (...). Anche i valori vitali e economici, cosiddetti «materiali», hanno una loro validità intrinseca e un fine in se stessi: quello di essere basici; ma in quanto tali, sono inscindibili da quelli spirituali, che però di essi sono il fondamento; cessano di esserlo ogni qualvolta si pone la loro validità intrinseca come fine totale e assoluto dell'uomo integrale (...).*
>
> *Pace corporale e pace o purezza spirituale sono simultanee; la Grazia visita l'uomo integrale; accettarla «inviscerata» è accoglierla in tutta la sua profondità; tutte le virtù sono incarnate: l'economia divina è semplice e comprensiva di tutto l'uomo.*
>
> *(...) Se l'uomo è fame fin dalla nascita, deve nascere in una mangiatoia, il minimo indispensabile: è la responsabilità primaria di chi lo genera e della società; ogni nascita comporta il dovere del nutrimento e di un riparo, di un «presepio», e il diritto ad averli, in quanto chi nasce ha il diritto alla vita. E Maria adempie al suo dovere: è previdente nel portare con sé i pannolini con cui «fascia» Gesù («pannis eum involvit»). Ma Gesù nasce nel luogo più umile, nasce spogliato di tutto: c'insegna che quel diritto non è diritto ad avere tutto, che ogni creatura che viene a questo mondo deve accontentarsi secondo le*

circostanze. Gesù nasce fuori di casa, neanche in un albergo «perché non vi era posto», nasce «in luogo estraneo» (san Gregorio Magno, Omelie, *VIII, 1) con il minimo vitale indispensabile, ma «distaccato» anche dal necessario, quasi a significare che esso è tale per la prova della vita ma non più, al di là di essa, per il fine ultimo dello spirito: (...) la necessità dei beni vitali nel e per il mondo non va mai disgiunta dalla destinazione ultraterrena dell'uomo.*

Gesù nasce per la «via»; ogni uomo nasce viator e resta tale anche se si fissa in un luogo, permane sempre «viandante» e insieme «messaggero»: il suo venire da Dio che gli dà l'esistenza lo fa insieme «andante» verso Dio stesso e «messo», con il suo stesso esistere, del Creatore (M.F. Sciacca).

Cristo, volto dell'uomo

Gesù stesso ha detto: "Qualunque cosa avrete fatta al minimo di questi miei fratelli, l'avrete fatta a me" (*Mt* 25,40); e un antico detto apocrifo recita: "vedi il fratello, vedi il Signore". Ma se Cristo si nasconde — o meglio si identifica — con il volto di ogni uomo, allora il rapporto con ogni uomo viene intimamente trasformato per il cristiano in un rapporto con lo stesso Cristo.

Fin dagli inizi le diverse spiritualità cristiane sono state consapevoli di questa verità, cercando di viverla nelle diverse forme dei carismi e dei doni propri di ciascuna. Ma solo negli ultimi tempi è emersa la consapevolezza — a livello letterario e di spiritualità — che anche la propria soggettività debole e malata partecipa del mistero di Cristo.

GEORGES BERNANOS (1888-1948) è lo scrittore che meglio ha espresso questa "svolta" della spiritualità cristiana. In un'interpretazione molto personale della spiritualità di santa Teresa di Gesù Bambino, egli sottolinea come anche nell'umile accettazione di sé risieda la virtù della "misericordia", e come alla rigida legge del perfezionismo, fondato sulla misurazione delle "virtù", debba subentrare a poco a poco una "spiritualità della misericordia", fondata sulla legge dell'amore di Cristo per ogni uomo.

Il "curato di campagna" del suo celebre romanzo: *Diario di un curato di campagna*, muore in una casa "scomunicata", perché abitata da un suo antico confratello nel sacerdozio, convivente ora con una donna e con il loro figliolo. L'attacco di tisi che lo coglie in quella casa non dà tempo di intervenire, né al medico per le cure né al sacerdote per gli ultimi sacramenti. Bernanos mette allora in bocca al suo curato queste ultime parole, contenenti il messaggio che con questo romanzo intendeva consegnare alla cristianità del suo tempo:

> *Tutto è grazia. Odiarsi è facile. Il difficile è dimenticarsi. Ma se in noi fosse veramente morto ogni orgoglio, la vera perfezione consisterebbe nell'amare sé stessi umilmente, come ogni altro povero membro sofferente di Gesù Cristo* (G. Bernanos).

Cristo, Signore della storia

Cristo indica all'uomo una destinazione ultraterrena, ma non cessa perciò stesso di essere il centro della storia, il senso ultimo del cammino storico dell'uomo. Come è bene espresso in questa poesia di CLEMENTE REBORA (1885-1957), letterato che dopo la conversione si fece rosminiano ed uno dei poeti cristiani più fervidi:

> *Gesù, il Fedele, il Verace,*
> *è il Giudice che prese a esprimere visibile*
> *nel giorno del Santo Natale*
> *l'inesprimibile misericordia del Padre:*
> *prese a raggiar malvisto nel volto sublime*
> *la bellezza divina e materna compiendo:*
> *e nuovo incanto di beltà pervase*
> *con intimo fremito l'universo*
> *fra linee terrene presagio di Cielo*
> *per educarci lassù, al Paradiso;*

ma prima ancora la Bontà rifulse,
accese d'esser buono il gran tormento,
accese d'esser buono un vasto incendio
che a somiglianza divina cresce e arde
per ogni cuore in carità di Dio trasfigurato: cura d'una vita monda,
sete d'innocenza
anelito di vergine scienza,
e devota attenzione presso il Bimbo, attenzione devota al Fanciullo,
fatto emblema d'ogni cosa pura, sciolto problema d'ogni vita piena;
e infine salvifico effetto sopra l'intero creato
a salvare già qui tutto l'uomo,
ciò che è nato nel mondo perituro
e portarlo sicuro al giudizio;
Gesù il Fedele,
il solo punto fermo nel moto dei tempi,
in sterminata serie d'eventi:
il solo Santo che non manca mai,
che trascende dove ci comprende
e si fa dono in cima ai nostri guai
e pareggia la grazia col perdono:
vero Dio trasumanante
e a Deità aperto vero Uomo (C. Rebora).

A Rebora sembra quasi fare eco il grande scrittore russo BORIS PASTERNAK (1890-1960), autore del *Dottor Zivago*, premio Nobel nel 1958, il quale al termine del celebre romanzo, — che al di là della vicenda sentimentale rappresenta in qualche modo l'epopea storica della Russia, e dell'Europa, di questo secolo, — riunisce una serie di poesie sulla figura di Cristo come il vero Signore della storia, attribuite al protagonista del romanzo, e scritte da Pasternak ben prima del crollo dell'impero sovietico. Il Cristo di Pasternak, che drammaticamente riflette sul senso e il destino della storia, è il Cristo della Storia, il Signore della Storia, colui in cui solo la storia umana trova principio e fine.

L'uomo, scrive Pasternak, *non vive nella natura ma nella storia*, e *la storia è stata fondata da Cristo, e il Vangelo è il suo fondamento. Solo dopo Cristo, i secoli e le generazioni hanno respirato liberamente. Solo dopo di lui, è cominciata la vita nella posterità e l'uomo non muore più per istrada sotto un muro di cinta, ma in casa sua, nella storia, nel culmine di un'attività rivolta al superamento della morte; l'uomo muore interamente dedito a questa ricerca* (B. Pasternak).

Nella poesia *L'Orto del Getsemani*, Pasternak esprime con rara efficacia il calarsi di Cristo nelle profondità del dolore e della desolazione della storia, nella prefigurazione del suo trionfo glorioso come Signore della storia, verso cui confluiranno, per l'ultimo giudizio, tutti i "secoli dall'oscurità".

In fondo c'era un orto, un podere.
Lasciati i discepoli di là dal muro, disse loro: "l'anima è triste fino alla morte, rimanete qui e vegliate con me".
E rinunciò senza resistenza, come a cose ricevute in prestito, all'onnipotenza e al miracolo, e fu allora come i mortali, come noi.
Lo spazio della notte ora pareva il paese dell'annientamento e dell'inesistenza.
La distesa dell'universo disabitata,
e soltanto l'orto un luogo capace di vita.
E guardando quei neri sprofondi, vuoti, senza principio e fine,
perché quel calice di morte via da lui passasse
in un sudore di sangue pregò il Padre suo.
Lenito dalla preghiera lo spasimo mortale, tornò al di là della siepe.
Per terra i discepoli, vinti dal sonno, giacevano nell'erba lungo la strada.

Li destò: Il Signore vi ha scelti a vivere nei miei giorni, ed eccovi crollati come massi. L'ora del figlio dell'uomo è venuta.
Egli si darà in mano ai peccatori.
E aveva appena parlato che, chissà da dove, ecco una folla di servi, una turba di schiavi, luci, spade e, davanti a tutti, Giuda col bacio del tradimento sulle labbra.
Pietro tenne testa con la spada agli sgherri
e un orecchio a uno di loro mozzò.
Ma sente: Non col ferro si risolve la contesa, rimetti a posto la tua spada, uomo.
Pensi davvero che il padre mio di legioni alate qui, a miriadi, non m'avrebbe armato? E allora, incapaci di torcermi un capello, i nemici si sarebbero dispersi senza lasciar traccia.
Ma il libro della vita è giunto alla pagina più preziosa d'ogni cosa sacra. Ora deve compiersi ciò che fu scritto, lascia dunque che si compia. Amen.
Il corso dei secoli, lo vedi, è come una parabola e può prendere fuoco in piena corsa.
In nome della sua terribile grandezza scenderò nella bara fra volontari tormenti.
Scenderò nella bara e il terzo giorno risorgerò, e, come le zattere discendono fiumi, in giudizio da me, come chiatte in carovana, affluiranno i secoli dall'oscurità (B. Pasternak).

Gesù sofferente per amore

Cristo sofferente, Cristo Uomo-Dio che muore, ha dettato pagine poetiche tra le più belle e profonde della letteratura contemporanea.
PAUL CLAUDEL (1868-1955) resta attonito di fronte allo sguardo di Cristo, quello sguardo onnipotente che si è rallegrato nella gioia della creazione, e che ora nella passione, di fronte al male del mondo e al rifiuto della sua creatura, quasi con gesto

pudico è "rivolto a terra", sperimentando la solitudine di una divina impotenza di fronte alla libera radicalità del rifiuto.

Quegli occhi che con un solo sguardo hanno creato l'universo
Sono volti a terra, e lacrime severe ne sgorgano;
Dalla fronte trasudano gocce di sangue.
Ma ora contempla, figlio, la bocca del tuo Dio, la bocca del Verbo, l'amarezza che essa conosce, la parola a se stessa incomprensibile che assapora. Poiché le labbra, vedi, si schiudono in un sorriso atroce. Ed egli piange, con tutto il suo essere, come piangono i bambini quando dalle labbra lasciano sfuggire la saliva!
Non vi è pane per noi, figlio, sino a quando dovremo consolare quella sofferenza.
La sofferenza del Figlio dell'Uomo, che ha voluto prendere su di sé il nostro delitto.
La sofferenza del Figlio di Dio:
Che Egli non possa offrire al Padre nel mistero del Sacrificio l'uomo nella sua interezza.
L'Onnipotente è vinto. Egli non può! Ha creato cielo e terra e non può vincere questa semplice creatura che rifiuta!
Questo fanciullo, non vi è speranza, non lo conquisterà mai.
Quella scintilla di Se Stesso nell'intimo del ribelle, non la riprenderà più. Non Lo vogliono.
Mostra agli uomini l'inferno, e gli uomini ridono. Una minaccia vecchia.
Indica agli uomini il cielo e la terra, e gli uomini non vogliono.
Lui Stesso scende sulla terra, Lui Stesso si offre, si cinge i fianchi, si prosterna ai nostri piedi, li prende, li bacia, li bagna con le sue lacrime.
Gli uomini lo respingono con orrore, con odio, con ironia, o lo respingono — ed è, questa, la peggiore offesa — con annoiata sufficienza, sbadigliando, con esasperata mollezza. Non pensano valga neppure la pena di discutere. «Ma via!

Quando la smetterà! Ne abbiamo abbastanza di queste storie! Basta! Che ci lasci in pace!».
E ora il Figlio di Dio è sulla croce. Affronta la prova suprema e da ogni parte viene attaccato: ed Egli si strazia, il costato si fende, il cuore è allo scoperto e pare quasi che sgorghi dal petto. Ma sul viso dello spettatore, un viso che noi conosciamo, appare appena una smorfia di disgusto. «Che ora è?» (P. Claudel).

La meditazione sull'"amore non amato" di Cristo, ha dettato una delle pagine più alte della poesia di GIUSEPPE UNGARETTI (1888-1970):

Fu piaga nel Tuo cuore
La somma del dolore
Che va spargendo sulla terra l'uomo;
Il Tuo cuore è la sede appassionata
Dell'amore non vano.
Cristo, pensoso palpito,
Astro incarnato nell'umane tenebre,
Fratello che t'immoli
Perennemente per riedificare
Umanamente l'uomo,
Santo, Santo che soffri,
Maestro e fratello e Dio che ci sai deboli,
Santo, Santo che soffri
Per liberare dalla morte i morti
E sorreggere noi infelici vivi,
D'un pianto solo mio non piango più,
Ecco, Ti chiamo, Santo,
Santo, Santo che soffri (G. Ungaretti).

Anche per Dostoevskij Cristo non è solo il Cristo glorioso e divinamente splendente nella resurrezione, ma è anche il Cristo doloroso della passione, il cui amore supremo lo porta ad identificarsi, innocente, con il peccato e la morte. In *Delitto e castigo*, ne *L'idiota*, e ne *I fratelli Karamazov* traspare con grande evidenza la meditazione di Dostoevskij sull'amore redentore di Cristo attraverso la sofferenza. Parlando di un condannato a morte, il principe Myskin dice: "*Di questo tormento, di quest'angoscia ha parlato il Cristo*"; in altri termini, Cristo innocente si è identificato per amore con l'angoscia di un condannato a morte colpevole. Il filosofo REINHARD LAUTH (1919-2007), nell'opera *Die Philosophie Dostojewskis in systematischer Darstellung* (1948), ricorda l'amore che Dostoevskij aveva per uno scritto del poeta Tiutcev dedicato all'umiltà di Cristo, al suo volto *kenotico* di schiavo:

> *Sotto la grave sua croce gemendo,*
> *in lungo e in largo, o mia terra natale,*
> *il re dei cieli, a rozzo schiavo uguale,*
> *è passato su te, benedicendo* (Tiutcev).

La benedizione di Cristo è quella di un giudice misericordioso, che salva e perdona, e che soffrendo diviene ultimo e supremo rifugio di ogni uomo che soffre, e di ogni uomo gravato dal peso della colpa.

E per questo, nel celebre "sogno" raccontato ne *L'adolescente*, in cui viene quasi raffigurata simbolicamente la storia dell'umanità, Dostoevskij rappresenta gli ultimi giorni di questa storia come quelli del trionfo dell'ateismo, del rifiuto e dell'indifferenza degli uomini nei confronti dell'amore di Cristo, eppure anche come i giorni del supremo ed ultimo incontro con il suo amore fedele e puro, che non teme di andare di nuovo incontro agli uomini rimasti ingrati e soli:

> *Io non potevo fare a meno di Lui, non potevo non figurarmelo in mezzo agli uomini derelitti. Veniva a loro, tendeva loro la mani e diceva: "Come poteste*

voi dimenticarmi?". E allora un velo cadeva da tutti gli occhi e si levava al cielo l'inno trionfale di una nuova e definitiva resurrezione... (F. Dostoevskij).

Per Léon Bloy (1846-1917), poeta esperto del dolore, Cristo è il capo di tutti i sofferenti e i suppliziati.

Colui che si chiama la Verità, colui che dichiara così il suo Nome di Famiglia, è precisamente il Capo dei sofferenti e dei suppliziati. Bisogna soffrire come soffre lui, per gli altri e negli altri, uomini o bestie, dicendosi che le parole di Dio non sono vane, e che è del tutto certo che i più umili degli oppressi saranno alla fine vendicati e alla fine consolati, quando verrà l'ora delle infallibili retribuzioni. Gesù è al centro di tutto, assume tutto, porta tutto, soffre tutto. È impossibile colpire un essere senza colpirlo, umiliare qualcuno senza umiliarlo, maledire o uccidere uno qualsiasi, senza maledire o uccidere lui (...). Il più vile di tutti i mascalzoni è costretto a prendere in prestito la Faccia del Cristo per ricevere uno schiaffo, da non importa quale mano. Diversamente, la palmata non potrebbe mai raggiungerlo e resterebbe sospesa, nello spazio dei pianeti, nei secoli dei secoli, fino a quando non incontrerà la Faccia che perdona (...) (L. Bloy).

Per Bloy, il perdono di Cristo raggiunge anche i persecutori, persino i più indegni e squallidi:

Le persone che uccidono o che fanno soffrire, coloro che degradano o disonorano, in un qualsiasi modo, l'opera divina e che, di conseguenza, non possono sapere quello che fanno, sono esse stesse in una miseria cosi orribile che è stato necessario che Gesù, morendo, le inserisse nel testamento della sua Passione, affinché ottenessero misericordia (L. Bloy).

Non è un caso che la conversione di Raïssa e Jacques Maritain (1882-1973) sia avvenuta ad opera della persona e degli scritti di Bloy, e che tra le più belle pagine di Raïssa vi sia la meditazione sul senso della sofferenza dell'uomo alla luce della sofferenza di Cristo, Uomo-Dio.
Scrive Raïssa:

> *Il nostro Dio è un Dio crocifisso, la felicità di cui egli non può essere privato, non gli ha impedito né di temere, né di gemere, né di sudare il sangue nell'agonia indicibile, né di lamentarsi sulla croce, né di sentirsi abbandonato*

e per questo, conclude Raïssa, anticipando tematiche proprie della teologia contemporanea, la sofferenza di Cristo è segno della stessa "sofferenza di Dio", alla cui luce diviene solo comprensibile il "senso" di tutta la sofferenza umana:

> *Questi inesprimibili contrasti della luce, questa specie di gloria della sofferenza, ecco forse a che cosa corrispondono sulla terra la sofferenza degli innocenti, le lacrime dei bimbi, certi eccessi di umiliazione e di miseria che il cuore quasi non può accettare senza scandalo; e che, quando la figura di questo mondo enigmatico sarà passata, appariranno al vertice delle Beatitudini* (R. Maritain).

Il filosofo Jules Lequier (1814-1862), chiamato il Kierkegaard francese a motivo della solitudine della vita e delle profonde illuminazioni religiose di cui fu investito, vide in Gesù soprattutto la figura dell'*Ecce Homo*, e l'espressione viva dell'amore sofferente e misericordioso di Dio, che si fa solidale nella sofferenza con ogni uomo che soffre.

> *Gesù Cristo* — scrive Lequier — *esercitando il suo amore tanto ardente, bruciante e dolce, si fa fratello dell'uomo infelice e sofferente, condivide la sua sorte, e, mentre lo riscatta, soffre con lui e prepara la possibilità di un'unione d'amore compiuta e perfetta. Tutti gli esseri avranno sofferto, Dio avrà sofferto*

di più, Dio e gli uomini si ameranno come fratelli. Noi ci ameremo. Amen (J. Lequier).

Lequier dedica pagine appassionate e poetiche all'amore sofferente di Gesù che giunge kenoticamente a sperimentare l'"abbandono di Dio", in una sorta di visione intellettuale della scena della passione, cui egli sembra partecipare insieme come spettatore e come protagonista:

L'ho visto io stesso portar la legna su cui doveva essere immolato, il nuovo Isacco; l'ho visto che portava sulle spalle il segno del suo dominio (...)
Io ho visto in Gerusalemme due Gerusalemme: una, simile alla bestia feroce affamata che si getta sulla sua preda dal fondo dell'ombra; e un'altra Gerusalemme che alzava umilmente verso la sua vittima i suoi occhi bagnati da lacrime di adorazione e di pietà; che beveva alla coppa delle tristezze di Dio, si inebriava del suo dolore, e cercava di soffrire ciò che egli soffriva e non si saziava della vista di Gesù: le sue labbra avrebbero voluto raccogliere, come una rugiada celeste, tutte le gocce di sangue scese sulle guance del Salvatore dalla sua fronte. In quanto a me, io portavo da un gruppo all'altro il mio cuore in cerca dei suoi sentimenti, mi proteggevo qua e là con un manto di tenebre; e stupido me ne stavo come indeciso tra i due banchetti.
Egli era appena passato, coperto con il suo derisorio mantello di porpora, la corona di spine in testa, la croce sulla spalla, pallido, che si sforzava di ubbidire all'ordine di avanzare, ripetuto dalla plebaglia, mentre gli arcieri lo spingevano e lo colpivano; accasciato, ma nella grandezza della sua pazienza, nella sua serenità augusta, ancor tutto illuminato dal crepuscolo che l'eterno splendore, volontariamente eclissato, lasciava dietro di sé. Io lo vidi e non gridai a me stesso: È qui quegli di cui Abramo bacerebbe i piedi piangendo; È qui il Dio espiatore, il solo in grado di consolare il Dio «che si è pentito un giorno di aver fatto l'uomo» e che «colpito dal dolore», «da un dolore di cuore», «da un dolore di Cuore interiormente», si è detto: «Mi pento di aver

fatto l'uomo». Ecco l'uomo veramente, ecco colui per il quale tutto è stato fatto e che è la bellezza del mondo.

Io vidi dunque il grande sconosciuto, e non lo vidi.

Seguii da lontano il corteo. Guardavo sempre quella croce sotto la quale cadde varie volte colui che la portava e che portava anche i peccati degli uomini col carico così pesante della loro ingratitudine. I miei occhi non abbandonavano la croce. Essa penetrava nel mio cuore come una spada (...).

Il corteo si fermò. Gesù fu attorniato da una folla pigiata. Ci fu tramestio ardente, tumultuoso, come di persone guidate, nell'ebbrezza di un odio infernale, da potenze invisibili che le costringessero a riprendere l'opera loro finché fosse come doveva essere. Intesi il rumore dei martelli che conficcavano i chiodi nella carne e nel legno. Poi l'albero di morte piantato da mani d'uomo comparve nell'aria col suo frutto: il frutto della nuova fecondità del Padre, il pane di vita, la vita eterna stessa discesa dal cielo per darsi a noi, e renderci tutti figli di Dio.

O mio Dio! O Dio morente! O Dio crocifisso il cui corpo si torceva come un verme e le cui membra si irrigidivano nel supplizio di questa sovrana agonia! E io lo contemplavo con gli occhi bagnati dalle lacrime di una volgare compassione! Ma fu quello il mio ultimo insulto. A un tratto ti riconobbi, o serpente di bronzo del deserto, tu, il divino maledetto, ti riconobbi a questa parola: «Mio Dio, mio Dio, perché mi hai abbandonato!». Mio Dio, diceva egli; egli diceva, mio Dio; il Figlio non diceva, Padre mio, ma diceva, mio Dio; il Verbo domandava: Perché tutto ciò? Colui che era la luce oppressa dalle tenebre; la saggezza che più non sapeva, lo inghiottimento del redentore nel fondo di un abisso di sofferenza dove, nell'estasi del dolore, perdette perfino il ricordo di quel che era venuto a cercarvi, senza però abbandonare il suo tesoro; questo Figlio unico, avido di fratelli, che conquistava attraverso la morte e attraverso tutte le ignominie, fino all'orrore di quel terribile abbandono, una specie d'altra ineffabile morte. L'infinita bontà giungendo fino alla follia della croce. Il colmo della grandezza, della forza e della misericordia di Dio erano qui evidenti con questo prodigio dei prodigi: un Dio incarnato e immolato i cui carnefici stessi potranno entrare in cielo in nome delle sue ferite, se si sono nutriti della vittima! Il firmamento meno turbato del mio cuore di fronte al più terribile e commovente mistero! Quelle braccia aperte! Quegli sponsali del Figlio dell'uomo! Quei sospiri, quei richiami alla diletta, alla sposa divina, ossa delle sue ossa, carne della sua carne, ch'egli ha fatto nascere dal suo sangue e che d'ora in poi se ne abbevererà nelle delizie di un abbraccio senza fine. Quel letto nuziale! Quel letto di morte! Quell'altare! Quel patibolo! Quell'arma della suprema vittoria! Quel futuro stendardo delle nazioni! Quella festa secondo il cuore dell'Altissimo! Quell'olocausto la cui fiamma era lo stesso amore, poiché il nostro Dio è un fuoco divoratore (...). Io riconobbi Dio, io compresi ogni cosa, io risuscitai: i miei occhi si aprirono, i miei occhi di ebreo ribelle alla luce! Caddi in ginocchio, vinto e vincitore ad un tempo: mi percossi il petto ai piedi del trono dell'Agnello sgozzato e sentii che, adorandolo, adoravo il Dio di Abramo, di Isacco e di Giacobbe (J. Lequier).

Il Cristo dell'agonia

SIMONE WEIL (1909-1943), di religione ebraica, nella sua vita spesa "per la verità" ha voluto condividere fino in fondo la condizione operaia, da lei considerata come quella degli ultimi, scoprendo progressivamente il mistero cristiano, e appassionandosi alla figura di Gesù, contemplato nel suo volto crocifisso:

La sola sorgente di luce abbastanza luminosa per rischiarare l'infelicità è la croce di Cristo. In qualsiasi epoca, in qualsiasi paese, dovunque vi sia dell'infelicità, la croce di Cristo ne è la verità (S. Weil).

Ma se c'è un autore contemporaneo che in modo del tutto personale ha voluto esprimere nella sua opera la meditazione sulla sofferenza di Cristo, questi è MIGUEL

DE UNAMUNO (1864-1936). Unamuno ha una visione "sanguinante" e spagnola di Cristo:

(...) ho l'anima del mio popolo e mi piacciono questi Cristi lividi, squallidi, paonazzi, sanguinanti, questi Cristi che qualcuno ha chiamato feroci (...). Mi piacciono anche le Dolorose tetre, macerate dal dolore (M. de Unamuno).

Al Cristo glorioso della Resurrezione e della Trasfigurazione, Unamuno preferisce il Cristo sfigurato della passione:

Sì, c'è un Cristo trionfatore, celestiale, glorioso; quello della Trasfigurazione, dell'Ascensione, che sta alla destra del Padre; ma è per quando avremo trionfato, per quando ci saremo trasfigurati, per quando saremo ascesi. Ma qui, in quest'arena del Mondo, in questa vita che è soltanto una tragica tauromachia, qui c'è l'altro, quello livido, quello paonazzo, quello sanguinante ed esangue (M. de Unamuno).

Il Cristo di Unamuno è il "Cristo dell'agonia", della lotta contro il male, e seguaci di Cristo sono solo i "cristiani agonici":

L'agonia è, dunque, lotta. E il Cristo è venuto a portare l'agonia, la lotta e non la pace (...).
E così come il Cristianesimo, anche Cristo è sempre agonizzante.
Terribilmente tragici sono i nostri crocifissi, i nostri Cristi spagnoli. È il culto di Cristo agonizzante, non morto. Il Cristo morto, divenuto già terra, diventato già pace, il Cristo morto e sepolto tra altri morti, è quello del Santo Sepolcro, è il Cristo che giace nel suo sepolcro; ma il Cristo che si adora sulla Croce è il Cristo agonizzante, quello che grida consummatum est! È a questo Cristo, a quello del «Dio mio, Dio mio, perché mi hai abbandonato?» (Mt 27,46), che si rivolgono i credenti agonici (...).

«Gesù sarà in agonia fino alla fine del Mondo; non bisogna dormire durante questo tempo». Così scrisse Pascal in Le mysthère de Jésus. *E lo scrisse in agonia. Perché non dormire è sognare da sveglio; è sognare un'agonia, è agonizzare* (M. de Unamuno).

E dalla visione di Cristo sanguinante in agonia nasce in Unamuno l'appassionato desiderio del corpo di Cristo nell'Eucaristia, come mostra questa bellissima poesia, intitolata appunto *Eucaristia*:

Amor di Te ci brucia, bianco corpo amor che è fame, amor delle viscere;
fame della Parola creatrice
(Gv 1,3) fattasi carne; fiero amor di vita
che non si sazia con abbracci, baci,
né con vincolo alcuno coniugale.
Solo mangiarTi l'ansia spegne,
pan d'immortalità, carne divina.
Il nostro amor bramoso, amor che è fame,
bianco Agnello di Dio, Ti vuol per cibo;
vuole di tue carni il gusto assaporare,
mangiarti il cuore, sì che la polpa
quale celeste manna si disciolga
sull'ardor della secca lingua nostra.
No: non godere in Te, ma farti nostro,
carne di nostra carne, e i tuoi dolori
soffrir per viver così morte di vita.
E le tue braccia aprendo, come in segno
di abbandono amoroso, ci ripeti:
«Questo è il mio corpo: prendete, mangiate»
(1 Cor 11,24). Carne di Dio, Verbo incarnato, incarna
la nostra divina di Te fame carnale (M. de Unamuno).

Cristo, il Signore che viene

Ma Cristo non è solo il Messia venuto una sola volta nella storia del mondo, ma è anche Colui che dovrà tornare, alla fine dei tempi, per giudicare il mondo e la sua storia, è "il Primo e l'Ultimo, il principio e la fine" (*Ap* 22,13), l'"Alfa e l'Omega, Colui che è, che era e che viene, l'Onnipotente" (*Ap* 1,8). A Cristo, che nella sua passione nella carne ci ha liberati con il suo sangue "facendo di noi un regno di sacerdoti per il suo Dio e Padre" (*Ap* 1,6), è stato dato dal Padre ogni potere nei cieli e sulla terra. Giovanni, nella visione escatologica dell'Apocalisse, contempla la sua futura venuta nella gloria in una visione che ricorda quella del profeta Daniele sull'"apparire, sulle nubi del cielo, uno, simile ad un figlio di uomo" e il cui "potere è un potere eterno, che non tramonta mai, e il suo regno è tale, che non sarà mai distrutto" (*Dn* 7,13.14).
Così la visione di Giovanni:

Ecco, viene sulle nubi e ognuno lo vedrà;
anche quelli che lo trafissero
e tutte le nazioni della terra si batteranno per lui il petto (*Ap* 1,7).

In questa attesa della seconda venuta del Messia, i cristiani sono sotto molti aspetti solidali con il popolo ebraico, accomunato ad essi nell'attesa del Messia dei tempi escatologici, il Messia promesso da Dio per la parola indefettibile dei Profeti, Colui che "fa nuove tutte le cose" (*Ap* 21,5), rinnovando il volto del mondo e della storia, in una instaurazione definitiva della "giustizia".
Secondo la visione di Giovanni, la seconda venuta di Cristo nella gloria sarà preceduta da un breve trionfo sulla terra di una misteriosa creatura che assoggetterà i popoli, un falso profeta che annuncia verità opposte a quelle di Cristo, che gli si opporrà come un "Anticristo", ma che verrà definitivamente sconfitto prima dell'instaurazione della Gerusalemme celeste.

Ma chi è questa misteriosa figura dell' "Anticristo", il falso profeta che negli ultimi tempi apparirà nella storia per confondere le menti degli animi, suggestionandoli con verità che "sembrano" quelle di Cristo, ma che in realtà gli si oppongono?

VLADIMIR SOLOV'EV (1853-1900) ci ha lasciato, nel celebre *Il racconto dell'Anticristo*, una raffigurazione fantastica dell'ultimo scontro tra Cristo e il suo rivale, descrivendo una futura situazione religiosa cui non è tuttavia estranea la storia passata e presente della cristianità. Solov'ev vuole infatti rappresentare, con questo racconto, le grandi tentazioni delle chiese — cattolica, ortodossa, luterana — che ripetono nel corso dei secoli le stesse tentazioni di Cristo, e che si concretizzeranno negli ultimi tempi in figure e situazioni storiche precise.

Solov'ev immagina infatti — leggendo, come Dostoevskij, i "segni dei tempi" alla luce della fede — che in un futuro non troppo remoto, l'umanità raggiungerà una piena unità politica, sotto un imperatore-superuomo che risiederà a Roma, e che a lui venga a fare visita dall'Oriente un grande profeta, operatore di miracoli.

> *Costui, secondo le voci che correvano fra i neo-buddisti, aveva un'origine divina essendo figlio del dio del sole Surya' e di una ninfa d'un fiume.*
>
> *Questo operatore di miracoli si chiamava Apollonio; era senza alcun dubbio un uomo di genio, metà asiatico metà europeo, vescovo cattolico in partibus infidelium, riuniva in sé in modo meraviglioso il possesso delle conclusioni più recenti e delle applicazioni tecniche della scienza occidentale, con la conoscenza e la capacità di servirsi di tutto ciò che è veramente fondato e importante nel misticismo tradizionale dell'Oriente. Strabilianti saranno i risultati di una combinazione di tal genere! Apollonio giunge fra l'altro all'arte mezzo scientifica e mezzo magica di captare e di guidare a propria volontà l'elettricità dell' atmosfera, e fra il popolo si dice che egli fa discendere il fuoco dal cielo. Del resto, pur colpendo l'immaginazione della folla con svariati inauditi prodigi, non è sceso ancora ad abusare della propria potenza per scopi particolari. Così ecco che quest'uomo viene incontro al grande imperatore, lo saluta chiamandolo vero figlio di Dio; e gli dichiara di aver trovato nei libri*

segreti dell'Oriente predizioni che designano direttamente lui, l'imperatore, come ultimo salvatore che giudicherà l'universo e propone di mettere al suo servizio la propria persona e tutta la propria arte. Affascinato, l'imperatore lo accoglie come un dono del cielo e, dopo averlo decorato con titoli fastosi, non si separerà mai più da lui. E così i popoli della terra, colmati di benefici dal loro signore, ottengono, oltre alla pace universale e alla generale sazietà, anche la possibilità di dilettarsi costantemente con i prodigi e le apparizioni più diverse e più sorprendenti (V. Solov'ev).

È la grande tentazione del "pane" che, come avvenne a Cristo, vuole distogliere la Chiesa dalla missione della redenzione e della salvezza verso una missione puramente sociale — il pane per tutti — e politica — la pace per tutti — delle Chiese. E alla tentazione del pane sono strettamente congiunte le altre due tentazioni: quella del potere, non solo politico ma anche religioso; e quella dell'orgoglio di chi oramai si ritiene autosufficiente dai disegni di Dio sulle Chiese e sulla storia.

Apollonio è un "vescovo cattolico", un "dottore in teologia", come lo definirà più avanti Solov'ev, capace non solo di miracoli, ma anche di sintetizzare la sapienza mistica dell'Oriente con la scienza tecnologica dell'Occidente, e inoltre di aiutare potentemente l'Imperatore ad instaurare nel mondo una completa pace politica, sociale e religiosa, — quella pace che i fedeli cristiani attendevano dalla seconda venuta di Cristo e che non si è ancora realizzata nella storia tormentata del mondo. Apollonio vuole instaurare l'unità di tutte le religioni del mondo, come supporto e come riflesso dell'unità politico-sociale dell'Imperatore, interpretando l'unità invocata da Cristo prima di morire, come un'unità religiosa capace di fare a meno della "verità" integra delle parole di Cristo. È convinzione di Apollonio, in coerenza con le più avanzate filosofie e teologie del tempo, che la "verità" disunisce, che se rimangono fedeli alla propria "verità" le Chiese resteranno spopolate, e che solo l'unità in una religiosità che non divide, che non oppone verità a verità, che annulli le diversità e le contrapposizioni, sarà capace di risolvere la questione religiosa del mondo, eliminando ogni "segno di contraddizione" ed instaurando finalmente la pace.

Così Solov'ev descrive la situazione religiosa degli ultimi tempi:

Dopo la felice soluzione del problema politico e sociale, viene alla ribalta la questione religiosa. Fu lo stesso imperatore a sollevarla, affrontandola anzitutto nei suoi rapporti col cristianesimo. Questa era la situazione del cristianesimo in quel tempo. Nonostante una fortissima diminuzione nel numero dei suoi fedeli — su tutto il globo terrestre non rimanevano più di quarantacinque milioni di cristiani — esso si era elevato e reso più compatto moralmente, guadagnando in qualità ciò che aveva perduto in numero. Non si contavano ormai fra i cristiani degli individui che non avessero più per il cristianesimo alcun interesse spirituale. Le diverse confessioni religiose avevano subito una diminuzione abbastanza similare nel numero dei fedeli, cosicché si era approssimativamente mantenuta fra di esse la stessa proporzione numerica di prima; per quanto concerne i loro sentimenti reciproci, anche se all'inimicizia non era subentrato un ravvicinamento completo, quella si era notevolmente addolcita e le opposizioni avevano perduto la loro primitiva asprezza. Il Papato da tempo era stato scacciato da Roma e dopo lunghe peregrinazioni aveva trovato un asilo a Pietroburgo, alla condizione di non svolgere propaganda nella città e nell'interno del paese. Il Papato si era notevolmente semplificato in Russia. Senza modificare nella sostanza il rigoroso ordinamento dei suoi collegi e dei suoi uffici, aveva dovuto rendere maggiormente spirituale il carattere della loro attività e similmente ridurre al minimo la fastosità del suo rituale e delle sue cerimonie. Molte costumanze strane ed allettanti, anche se non erano state abolite formalmente, andarono in disuso da sé. In tutti gli altri paesi, specialmente nell'America del Nord, la gerarchia cattolica possedeva ancora molti rappresentanti di forte volontà, di infaticabile energia e in una posizione indipendente: questi con maggior forza di prima stringevano in pugno l'unità della Chiesa cattolica e le conservavano il suo carattere internazionale cosmopolita. Per quanto concerne il protestantesimo, in testa al quale continuava a mantenersi la Germania, specie dopo che una parte considerevole della Chiesa anglicana si era riunita alla Chiesa cattolica, esso si era sbarazzato delle sue tendenze negatrici estreme, i cui sostenitori erano passati apertamente all'indifferentismo religioso e all'incredulità. Nella Chiesa evangelica erano rimasti soltanto i sinceri credenti, in testa ai quali stavano uomini che riunivano in sé una vasta dottrina insieme ad una profonda religiosità e che sempre più rafforzavano in sé l'aspirazione a riprodurre in sé stessi la viva immagine del vero cristianesimo primitivo. L'ortodossia russa, dopo che gli avvenimenti politici avevano mutato la posizione ufficiale della Chiesa, aveva perduto molti milioni di sedicenti fedeli, adepti solo di nome; in compenso provava la gioia di essere unita alla parte migliore dei vecchi credenti e perfino ai seguaci di molte sette animate da uno spirito religioso positivo. Questa Chiesa rinnovata, senza aumentare di numero, prese a sviluppare le sue forze spirituali, che manifestava in particolar modo nella sua lotta interna contro le sette estremiste che si erano moltiplicate tra il popolo e nella società e non esenti da elementi demoniaci e satanici (V. Solov'ev).

Come reagisce il popolo cristiano di fronte all'instaurazione della pace sociale e politica promossa dall'Imperatore e alla promessa di realizzazione dell'unità religiosa fatta da Apollonio?

Ad un primo momento di entusiasmo, dovuto alla speranza di trovare finalmente pace dopo tante guerre politiche e lotte religiose, fa seguito la delusione e poi, per intima rivolta dello Spirito, l'aperta ribellione. I cristiani delle tre confessioni — cattolica, ortodossa e luterana — cominciano a percepire la distanza che separa le parole di Cristo, cui desiderano rimanere fedeli, — il quale ha detto: "non crediate che io sia venuto a portare la pace ma la spada", e si è ancora proclamato "segno di contraddizione" — , dalla pace narcotizzante di Apollonio, distruttrice insieme delle "diversità delle verità teologiche" delle varie religioni, e della libertà delle coscienze individuali. Avviene così che il papa romano, un certo Simone Barionini, napoletano

— il cui nome suggerisce già l'affinità con il nome del primo Pietro, Simone Bar Iona — lo starets Giovanni, rappresentante dell'ortodossia, e il dottor Pauli, rappresentante degli evangelici, si accorgano dell'inganno, e, in occasione della convocazione da parte di Apollonio a Gerusalemme di un concilio ecumenico che avrebbe dovuto sancire tale unità, iniziano a percepire l'inganno della grande tentazione, ed a rifiutare come non rispondenti all'ortodossia della fede le dottrine proclamate da Apollonio.

Durante i primi due anni del nuovo regime, tutti i cristiani ancora impauriti e stanchi della serie di guerre e rivoluzioni precedenti, dimostravano, nei riguardi del nuovo sovrano e delle sue pacifiche riforme, in parte una benevola aspettativa, in parte una decisa simpatia e perfino un ardente entusiasmo. Ma al terzo anno, con la comparsa del grande mago, molti, ortodossi, cattolici ed evangelici, cominciarono a provare serie apprensioni e antipatie. Ci si pose a leggere con maggiore attenzione e a commentare con più vivacità i testi evangelici e apostolici che parlavano del principe di questo mondo e dell'Anticristo. L'imperatore, subodorando da certi indizi che si stava addensando una tempesta, decise di mettere le cose in chiaro al più presto. Al principio del quarto anno di regno, egli pubblicò un manifesto indirizzato a tutti i fedeli cristiani di ogni confessione, invitandoli a scegliere o nominare dei rappresentanti muniti di pieni poteri, in vista di un concilio ecumenico da tenere sotto la sua presidenza. La residenza imperiale a quel tempo era stata trasferita da Roma a Gerusalemme. La Palestina era allora una provincia autonoma, abitata e governata in prevalenza da Ebrei. Gerusalemme era una città libera diventata in seguito città imperiale. I luoghi sacri ai cristiani erano rimasti intatti; ma sulla vasta piattaforma di Haram-es-Scerif, partendo da Birket-lsrain e dall'attuale caserma da un lato fino alla moschea di El-Aksa e alle «Scuderie di Salomone» dall'altro lato, s'innalzava un enorme edificio che comprendeva oltre a due piccole moschee antiche, uno spazioso «tempio» imperiale, destinato all'unione di tutti i culti, due fastosi palazzi imperiali con biblioteche, musei e dei locali particolari per esperimenti ed esercizi di magia. In questo edificio mezzo tempio e mezzo palazzo, doveva aprirsi, alla data del 14 settembre, il concilio ecumenico. Poiché la confessione evangelica non ha clero nel vero senso della parola, i prelati cattolici e ortodossi, per dare, conforme al desiderio dell'imperatore, una certa omogeneità alla rappresentanza di tutte le confessioni della cristianità, decisero di permettere che partecipasse al concilio un certo numero di laici, noti per la loro pietà e la loro dedizione agli interessi della Chiesa; e una volta ammessi i laici non si poteva escludere il basso clero, secolare e regolare. In tal modo il numero complessivo dei membri del concilio superò i tremila, ma circa mezzo milione di pellegrini cristiani invase Gerusalemme e tutta la Palestina. Fra i membri del concilio, tre erano posti in particolare evidenza.

In primo luogo il papa Pietro II che stava per diritto a capo della sezione cattolica del concilio. Il suo predecessore era morto mentre era in viaggio per recarsi al concilio e il conclave, riunitosi a Damasco, aveva eletto all'unanimità il cardinale Simone Barionini che aveva assunto il nome di Pietro II. Proveniva da una povera famiglia della provincia di Napoli ed era diventato famoso come predicatore dell'ordine dei Carmelitani e inoltre per aver reso grandi servizi alla lotta contro una setta satanica, che si era affermata a Pietroburgo e nei suoi dintorni pervertendo non solo gli ortodossi ma anche i cattolici. Divenuto arcivescovo di Moghilev e in seguito fatto cardinale, era già in anticipo designato alla tiara. Era un uomo di cinquant'anni, di media statura, di costituzione robusta, di colorito rosso, naso adunco, folte sopracciglia. Era ardente e impetuoso, parlava con foga con ampi gesti e trascinava, più che non li persuadesse, i suoi uditori. Verso il padrone del mondo, il nuovo Papa dimostrava diffidenza e antipatia, specie dopo il fatto che il defunto pontefice, mentre si recava al concilio, aveva ceduto alle insistenze dell'Imperatore e aveva nominato cardinale l'esotico vescovo Apollonio, già cancelliere imperiale e gran mago universale, che Pietro riteneva dubbio cattolico, ma autentico impostore.

Capo effettivo degli ortodossi, benché in forma non ufficiale, era lo starets Giovanni assai noto fra il popolo russo. Benché figurasse ufficialmente come vescovo "a riposo", egli non viveva in nessun monastero e andava sempre in giro da tutte le parti. Sul suo conto correvano varie leggende. Fjodor Kuzmic risorto, vale a dire l'imperatore Alessandro II, morto circa tre secoli prima. Altri andavano più avanti e affermavano che egli era il vero starets Giovanni, cioè l'Apostolo Giovanni il Teologo che non era mai morto e si era manifestato apertamente negli ultimi tempi. Da parte sua egli non diceva nulla riguardo alla sua origine e circa la sua giovinezza. Era adesso un vecchio di molti anni, ma aitante, con la canizie dei capelli ricciuti e della barba che tirava ad una tinta giallastra e perfino verde; era di statura alta e corpo magro, ma aveva guance piene e leggermente rosee, occhi vivi scintillanti e un'espressione dolcemente bonaria nella faccia e nel modo di parlare; portava sempre una tunica bianca ed un candido mantello.

A capo della delegazione evangelica del concilio stava l'eruditissimo teologo tedesco professor Ernst Pauli. Era un vecchietto di bassa statura, asciutto, con fronte spaziosa, naso aguzzo, mento rasato e liscio. I suoi occhi brillavano di una particolare fiera bonomia. Ad ogni momento si stropicciava le mani, scuoteva la testa, aggrottava le ciglia in modo terribile e spingeva in avanti le labbra; intanto con occhi sfavillanti pronunciava con voce cupa dei suoni interrotti: "So! Nun! Ja! So also!". Indossava l'abito di cerimonia: cravatta bianca, e lunga redingote da pastore con alcune decorazioni (V. Solov'ev).

Il concilio viene inaugurato con grande solennità, mentre papa Pietro, lo starets Giovanni e il Dr. Pauli, di fronte all'interpretazione secolaristica del messaggio di Cristo offerta dall'imperatore e da Apollonio, danno segni sempre più evidenti di insofferenza.

L'apertura del concilio fu imponente. Per due terzi dell'immenso tempio consacrato "all'unione di tutti i culti" erano disposte panche e altri sedili per i membri del concilio, l'altro terzo era occupato da un alto palco, dove oltre al trono dell'imperatore e ad un altro un po' più basso destinato al gran mago — egli era infatti il cardinale cancelliere imperiale — si trovavano più indietro file di poltrone riservate ai ministri, ai dignitari di corte e ai segretari di stato (...) *Quando l'imperatore fece il suo ingresso insieme al gran mago ed al seguito, e l'orchestra attaccò «la marcia dell'umanità unita» che serviva da inno imperiale e internazionale, tutti i membri del concilio si alzarono in piedi e agitando i loro cappelli gridarono tre volte a gran voce: «Vivat! Urrah! Hoch!»* (V. Solov'ev).

L'imperatore cerca, con l'appoggio teologico di Apollonio, di convincere i cristiani di tutte le confessioni a porre fine alle controversie religiose, ad accettare la pace e la felicità che lui donerà ed a riunirsi pacificamente sotto la sua autorità, salendo con lui sul palco. Ma, nell'assemblea, il papa Pietro II, lo starets Giovanni e il Dr. Pauli, nonostante la maggior parte dei credenti, degli ecclesiastici e degli stessi monaci aderiscano al suo invito, avvertono tutto l'inganno di quelle parole.

Ma giù, in mezzo all'assemblea, diritto e immobile come una statua di marmo, il papa Pietro II rimase al suo posto. Tutti coloro che prima gli stavano intorno ora si trovavano sul palco. Allora la schiera ormai diradata dei monaci e dei laici, che era rimasta in basso, si spostò e si strinse attorno a lui in un anello serrato da cui si udiva un mormorio contenuto: «Non praevalebunt, non praevalebunt portes inferi». (...)
E la maggior parte dei prelati dell'Oriente e del Nord, la metà dei vecchi credenti e più della metà dei preti, dei monaci e dei laici ortodossi salirono sul palco con grida di gioia, dando uno sguardo di sfuggita ai cattolici che già vi stavano assisi con aria di importanza. Ma lo starets Giovanni non si mosse e diede un forte sospiro. E quando la folla attorno a lui si fu alquanto diradata, lasciò il suo banco e andò a sedere vicino a papa Pietro e al suo gruppo. Dietro

di lui si avviarono anche tutti gli altri ortodossi che non erano saliti sul palco.
(...)
Più della metà dei sapienti teologi si mosse verso il palco, sia pure con qualche indugio e qualche esitazione. Tutti volsero lo sguardo verso il professor Pauli che pareva abbarbicato al suo seggio. Egli abbassava profondamente il capo, curvandosi e contraendosi. I sapienti teologi che erano saliti sul palco rimasero confusi, anzi uno di essi a un tratto agitò il braccio e saltò giù direttamente in basso accanto alla scala e, zoppicando un po', corse a raggiungere il professor Pauli e la minoranza rimasta con lui. Pauli sollevò il capo, si alzò con un movimento un po' indeciso, si diresse verso i banchi rimasti vuoti e, accompagnato dai suoi correligionari che avevano tenuto fermo, venne con essi a sedersi accanto allo starets Giovanni, al papa Pietro e ai loro gruppi.
La grande maggioranza dei membri del concilio si trovava sul palco, ivi compresa quasi tutta la gerarchia dell'Oriente e dell'Occidente. In basso erano rimasti soltanto tre gruppi di uomini che si erano avvicinati gli uni agli altri e che si stringevano accanto allo starets Giovanni, al papa Pietro e al professor Pauli (V. Solov'ev).

L'imperatore cerca invano di convincere i tre renitenti, i quali invece lo apostrofano duramente, ricordandogli il comune fondamento di fede in Cristo come l'unico nome in cui sia data agli uomini la salvezza e ai cristiani l'unità e la pace:

Allora simile a un cero candido, si alzò in piedi lo starets Giovanni e rispose con dolcezza: «Grande sovrano! Quello che noi abbiamo di più caro nel cristianesimo è Cristo stesso. Lui Stesso e tutto ciò che viene da Lui, giacché noi sappiamo che in Lui dimora corporalmente tutta la pienezza della Divinità. Da te, o sovrano, noi siamo pronti a ricevere ogni bene, ma soltanto se nella tua mano generosa noi possiamo riconoscere la santa mano di Cristo. E alla tua domanda che puoi tu fare per noi, eccoti la nostra precisa risposta: confessa, qui ora davanti a noi, Gesù Cristo Figlio di Dio che si è incarnato, che è risuscitato e che verrà di nuovo; confessalo e noi ti accoglieremo con amore, come il vero precursore del suo secondo glorioso avvento» (V. Solov'ev).

A queste parole, Apollonio inizia a compiere dei prodigi spaventosi, che atterriscono i presenti, ma suscitano di converso una nuova confessione di fede in Cristo da parte dei tre rappresentanti delle chiese:

Lo starets Giovanni che non staccava i suoi occhi sbigottiti e spaventati dal volto dell'imperatore, rimasto ammutolito, a un tratto diede un sussulto per lo spavento e voltandosi indietro gridò con voce strozzata: «Figlioli, è l'Anticristo!». Nel tempio scoppiò un tremendo colpo di tuono e simultaneamente si vide saettare una folgore enorme a forma di cerchio che avviluppò il vegliardo. Per un istante tutti rimasero come annichiliti e quando i cristiani si furono ripresi dallo stordimento, lo starets Giovanni giaceva a terra cadavere. (...)
A un tratto una parola squillante e distinta si propagò per il tempio: "Contradicitur". Il papa Pietro II si alzò in piedi e col volto imporporato, tutto tremante di collera, sollevò il pastorale in direzione dell'imperatore: «Nostro unico Sovrano è Gesù Cristo, il Figlio del Dio vivente. Ma ciò che tu sei l'hai sentito. Vattene da noi Caino fratricida! Via da noi, vaso del demonio! Per l'autorità di Cristo, io, servo dei servi di Dio, ti scaccio per sempre dal recinto divino, cane schifoso, e ti consegno al padre tuo, Satana! Anatema, anatema, anatema!»
Mentre egli parlava, il gran mago si agitava inquieto sotto il suo mantello: più fragoroso dell'ultimo anatema rimbombò un colpo di tuono e l'ultimo papa cadde a terra inanimato.
(...) *Nel tempio erano rimasti i due cadaveri e un cerchio ristretto di cristiani mezzo morti dalla paura. L'unico che non aveva perduto il suo sangue freddo era il professor Pauli. Il terrore generale pareva stimolare tutte le forze del suo spirito. Era mutato anche nel suo aspetto esteriore e aveva assunto un'aria*

maestosa e ispirata. Con passo risoluto, salì sul palco e, sedutosi su uno dei seggi lasciati liberi dai segretari di stato, prese un foglio di carta e si mise a scrivere. Quando ebbe terminato, si alzò in piedi e a voce alta lesse: «Alla gloria del nostro unico Salvatore Gesù Cristo. Il concilio ecumenico delle chiese di Dio, riunito a Gerusalemme, poiché il nostro beatissimo fratello Giovanni, rappresentante della cristianità orientale, ha convinto il grande impostore e nemico di Dio di essere l'autentico Anticristo, predetto dalla Sacra Scrittura e poiché il nostro beatissimo padre Pietro, rappresentante della cristianità occidentale, con la scomunica lo ha secondo legge e giustizia scacciato per sempre dalla Chiesa di Dio, oggi davanti ai corpi di questi due martiri della verità, testimoni di Cristo, delibera: di rompere ogni rapporto con lo scomunicato e la sua esecrabile accozzaglia, di ritirarsi nel deserto e attendere l'immancabile venuta del nostro vero sovrano Gesù Cristo».

(...) *Il professor Pauli aggiunse ancora un poscritto e poi lesse: «Approvando all'unanimità questo primo ed ultimo atto dell'ultimo concilio ecumenico, apponiamo le nostre firme» e fece un gesto d'invito all'assemblea. Tutti si affrettarono a salire sul palco e a firmare. Alla fine lui pure firmò a grossi caratteri gotici: Duorum defunctorum testium locum tenens Ernst Pauli. «Ora andiamocene con la nostra arca dell'alleanza dell'ultimo Testamento!», disse indicando i due cadaveri. I corpi furono issati su barelle. Lentamente, al canto di inni in latino, in tedesco e in slavonico ecclesiastico, i cristiani si avviarono alla porta di Haram-es-Scerif.*

Il fatto che solo il Dr. Pauli sopravviva ai portenti magici di Apollonio, e resti unico rappresentante della fede dei due martiri, vuole significare in un certo modo che la pura fedeltà alla Parola del Signore, testimoniata dalla Scrittura — e di cui è rappresentante la chiesa evangelica — è capace di far sopravvivere la fede sulla terra, anche quando tutte le fonti dei sacramenti fossero spente.

Intanto i corpi dei due testimoni della fede vengono requisiti, alle porte della città, dalle guardie dell'imperatore, mentre il trionfante Apollonio compie i suoi prodigi dinanzi ad una folla acclamante, e il resto dei cristiani, con il Dr. Pauli, si ritira nel deserto a pregare. La fedeltà dei cristiani alla piena confessione di Cristo, la loro fede in una salvezza derivante unicamente dal rapporto personale con la sua persona nell'amore, e la loro costanza nell'attesa orante della sua venuta, verranno premiate dal miracolo della resurrezione dei due testimoni e dal finale compimento, in Cristo, della sua preghiera "che tutti siano uno" (*Gv* 17,21), mentre nel cielo appare il grande segno della Donna coronata di dodici stelle:

Nello stesso tempo sulle alture deserte di Gerico i cristiani si dedicavano al digiuno e alla preghiera. La sera del quarto giorno sull'imbrunire, il professor Pauli e nove compagni, cavalcando degli asini e trainando una carretta, penetrarono in Gerusalemme; passando per vie traverse, vicino a Haram-es-Scerif, sboccarono a Haret-en-Nazàra e raggiunsero l'entrata del tempio della Resurrezione, dove sul pavimento giacevano i corpi di papa Pietro e dello starets Giovanni. (...) I nuovi arrivati trovarono che i corpi non erano stati toccati dal processo di decomposizione e addirittura non erano diventati rigidi e grevi. Li issarono su barelle, li ricoprirono con mantelli che avevano portato con sé e, percorrendo le stesse vie traverse, ritornarono dai loro fratelli, ma non appena ebbero posate a terra le barelle lo spirito della vita rientrò nei due morti. (...) Tutti presero ad aiutarli con grida di gioia e ben presto i due resuscitati si alzarono in piedi sani e salvi. E il redivivo starets Giovanni prese così a parlare: «Ecco dunque, figlioli miei, che noi non ci siamo lasciati. Ed ecco ciò che vi dirò adesso: l'ora è giunta che si adempia l'ultima preghiera di Cristo per i suoi discepoli: che essi siano uno, come Lui stesso col Padre è uno. Così per questa unità in Cristo, figlioli miei, veneriamo il nostro carissimo fratello Pietro. Gli sia concesso finalmente di pascere le pecore di Cristo. Proprio così, fratello!». Ed egli abbracciò Pietro. A questo punto si avvicinò il professor Pauli: «Tu es Petrus!» — disse rivolto al papa — . «Jetzt ist es ja gründlich erwiesen und ausser jeden Zweifel gesetzt». Gli strinse forte la mano con la destra, mentre tendeva la sinistra allo starets Giovanni, dicendogli: «So also, Väterchen, nun sind wir ja Eins in Christo». Così si compì l'unione delle Chiese nel cuore di una notte oscura, su un'altura solitaria.

Ma l'oscurità della notte venne a un tratto squarciata da un vivido splendore e in cielo apparve il grande segno: una donna vestita di sole, con la luna sotto i piedi e sul capo una corona di dodici stelle. L'apparizione restò per qualche tempo immobile, poi si mosse lentamente verso il sud. Il papa Pietro alzando il pastorale, esclamò: «Ecco la nostra insegna! Andiamo sulle sue orme!». Ed egli si incamminò nella direzione indicata dall'apparizione insieme ai due vegliardi e a tutta la folla dei cristiani, il monte di Dio, verso il Sinai... (V. Solov'ev).

Nota bibliografica

I testi citati sono tratti dalle seguenti opere:

H. BERGSON, *Le due fonti della morale e della religione*, Edizioni di Comunità, Milano 1962.

G. BERNANOS, *Diario di un curato di campagna*, Arnoldo Mondadori Editori, Milano 1949.

M. BLONDEL, *L'Azione*, (ed. 1893), tr. it. Vallecchi, Firenze 1930.

M. BLONDEL, *La philosophie ouverte*, in *Henri Bergson. Essais et témoignages,* "Cahiers du Rhône", Neuchâtel 1942.

M. BLONDEL, *Storia e Dogma*, ed. or. in *Premiers écrits,* PUF, Paris 1956, tr. it. La Nuova Italia, Firenze 1972.

M. BLONDEL, *Lettera sull'apologetica*, ed. or. in *Premiers écrits*, Puf, Paris 1956, tr. it. in *Storia e Dogma,* Firenze 1972.

M. BLONDEL - J. WEHRLÉ, *Correspondance*, Aubier-Montaigne, Paris 1969.

L. BLOY, *Pagine scelte*, SEI, Torino 1968.

H. BROCH, *Gesammelte Werke*, vol. VII, Rhein Verlag, Zürich 1955, cit. da A. Neher, *L'exil de la parole*, Seuil, Paris 1970.

J. CAU, *Una misteriosa distanza* (traduzione inedita).

G.K. CHESTERTON, *L'ortodossia*, Morcelliana, Brescia 1955.

J. CHEVALIER, *Entretiens avec Bergson*, Plon, Paris 1959.

P. CLAUDEL, *Il Volto Santo*, in "Studi cattolici", nov.-dic. 1961, n. 27.

B. CROCE, *Perché non possiamo non dirci cristiani*, Laterza, Bari 1944.

M. DE UNAMUNO, *El Cristo español, 1909*, in *Obras Completas*, Revista de Occidente, Madrid 1959-1966.

M. DE UNAMUNO, *Agonia del cristianismo, 1931*, in *Obras Completas...*

M. de Unamuno, *Eucarestia,* in *El Cristo de Velázquez,* in *Obras Completas...*

F. Dostoevskij, *Meditazione sulla morte della sua prima moglie*, pubblicata nel 1932.

F. Dostoevskij, *I fratelli Karamazov*, Garzanti, Milano 1985.

F. Dostoevskij, *L'idiota*, Bollati Boringhieri, Torino 1976.

F. Dostoevskij, *L'adolescente*, Newton, Roma 1996.

T.S.Eliot (1888-1965), *Poesie*, Bompiani, Milano 1966.

Gandhi, *Buddismo, Cristianesimo, Islamismo. Le mie considerazioni*, Newton, Roma 1993.

R. Guardini, *Il messaggio di San Giovanni*, Morcelliana, Brescia 1982[2].

G.F.W. Hegel, *La vita di Gesù*, in *Scritti teologici giovanili*, Guida, Napoli 1972.

G.F.W. Hegel, *Lezioni sulla Filosofia della Religione*, Zanichelli, Bologna 1974.

I. Kant, *La religione entro limiti della sola ragione*, Laterza, Bari 1985.

S. Kierkegaard, *Esercizio del Cristianesimo*, Studium, Roma 1971.

J. Lequier, *Opere*, a cura di A. Del Noce, Zanichelli, Bologna 1968.

J. Malègue, *Augustin ou le Maître est là*, Spes, Paris 1932.

R. Maritain, *I grandi amici*, Vita e Pensiero, Milano 1965.

F. Mauriac, *La vita di Gesù*, Mondadori, Milano 1944.

F. Nietzsche, *L'Anticristo, Maledizione del cristianesimo*, Newton, Roma 1988.

B. Pasternàk, *Il dottor Zivago*, Feltrinelli, Milano 1957.

C. Rebora, *Canti dell'infermità*, Feltrinelli, Milano 1957.

E. Renan, *Vita di Gesù*, Newton, Roma 1994.

J.P.F. Richter, *Discorso del Cristo morto dall'alto dell'universo, in cui si afferma che non c'è alcun Dio* (in F. Masini, *Nichilismo e religione*, De Donato, Bari 1974).

M.F. Sciacca, *La casa del pane*, Manfredi, Palermo 1979.

V. Solov'ev, *Tre dialoghi sulla guerra, il progresso e la fine della storia universale con assieme un breve racconto dell'Anticristo e un'appendice*, Marietti, Torino 1975.

E. Stein, *Essere finito ed Essere eterno. Per un'elevazione al senso dell'essere*, Città Nuova, Roma 1988.

G. Ungaretti, *Il dolore*, Mondadori, Milano 1947.

W. VON POLENZ, *Gedichte*, Klostermann, Frankfurt a.M. 1953.

S. WEIL, *L'amore di Dio*, tr. it a cura di G. Bisacca e A. Cattabiani, Borla, Roma 1979.

Indice

Printed by Books on Demand GmbH, Norderstedt / Germany